la cuisine est dans le pré

W0412151

La cuisine est dans le pré s'inspire de l'émission :

l'amour
est dans le pré

L'amour est dans le Pré ® FremantleMedia S.A.S.
Licence par FremantleMedia Enterprises
www.fremantlemedia.com

FREMANTLEMEDIA

M6 EDITIONS

2009 © M6 Editions
89, avenue du Général de Gaulle - 92575 Neuilly-Sur-Seine cedex

Tous droits de traductions, d'adaptation et de reproduction,
totale ou partielle, pour quelque usage,
par quelque moyen que ce soit,
réservés pour tous pays.

ISBN : 978-2-915127-65-2

D.A : Agence John Brightman

la cuisine est dans le pré

Les recettes du Terroir !

TEXTES DE **Sonia Ezgulian**
PHOTOGRAPHIES DE **Damien Grenon**
CONSEILS ŒNOLOGIQUES DE **Bernard Magrez**

Parce qu'on ne vit pas que d'amour et d'eau fraîche

M6 EDITIONS

SEPT COUPLES D'AGRICULTEURS VOUS ACCUEILLENT À TRAVERS LA FRANCE...

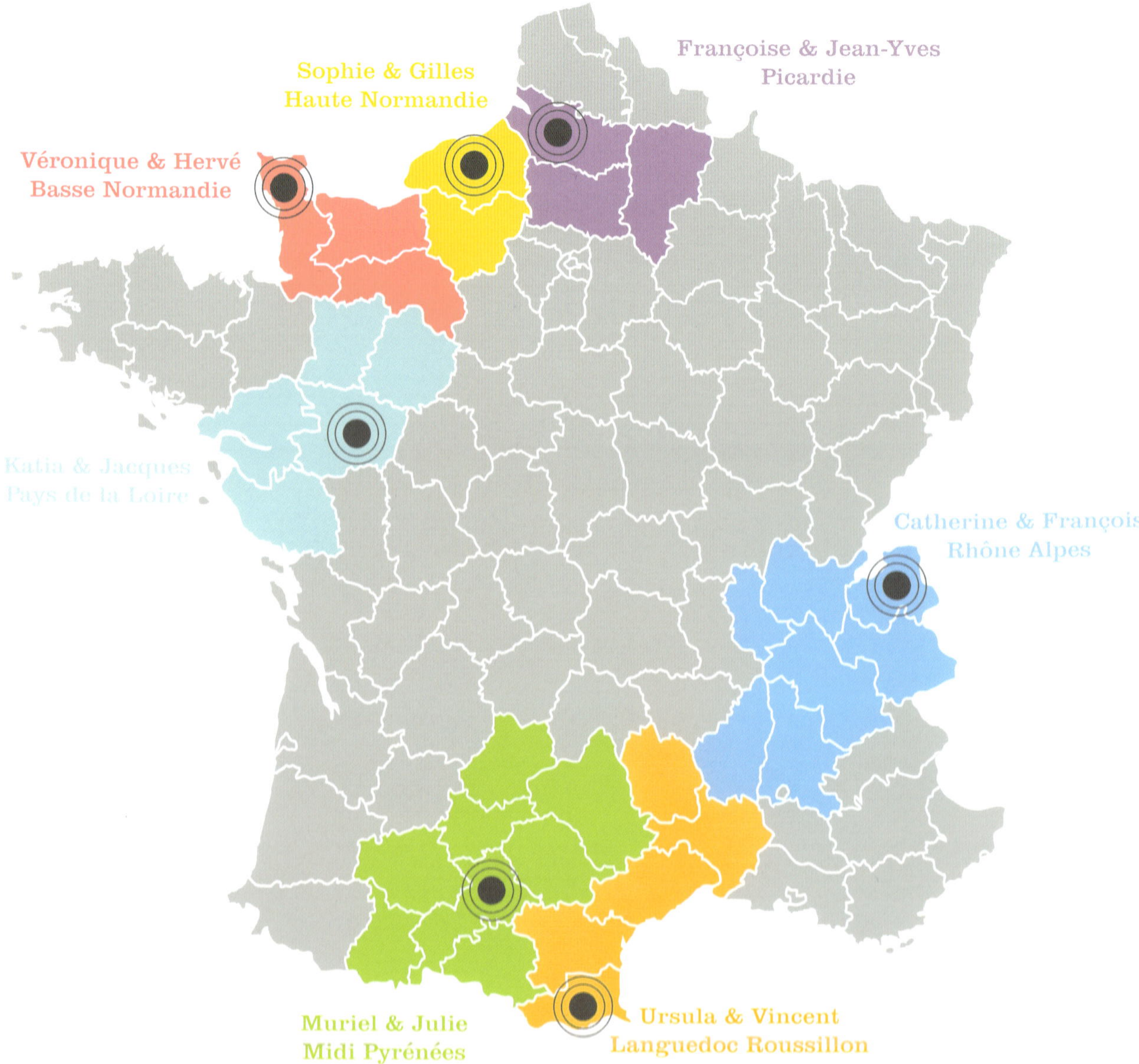

Goûtez l'agriculture de plus près...

Au commencement,

Des amoureux de la terre,
des passionnés d'élevage, de maraîchage, d'arboriculture, ...

Des femmes et des hommes, généreux, détenteurs de savoir-faire,
de tours de mains incomparables, ouverts aux autres...

Des créateurs d'excellence gustative...

Des ambassadeurs d'une agriculture ancrée dans les terroirs...

Des agriculteurs qui vous offrent la plus belle des invitations :
« Bienvenue à la ferme !»...

C'est ainsi que naissent les produits authentiques,
vrais et d'excellence...

Pour que le rêve se prolonge,
pour que les saveurs déploient tout leur talent,
parcourez ce délicieux recueil de recettes, véritable hymne
au patrimoine exceptionnel de nos régions.

Et la cuisine est dans le pré !

Luc GUYAU,
agriculteur et Président des Chambres d'agriculture

Les Chambres d'agriculture accompagnent au quotidien la diversité de l'agriculture,
les 5800 adhérents au réseau Bienvenue à la ferme, les 1800 producteurs de pays.

Bienvenue à la ferme : www.bienvenue-a-la-ferme.com
Les Marchés de producteurs de pays : www.marches-producteurs.com
Les Régions donnent leur goût à la France : www.francedesaveurs.com
Les Chambres d'agriculture : www.apca.chambagri.fr
Terre d'Infos : www.terredinfostv.fr
Tout sur les métiers : www.laterremonavenir.com

CHAMBRES D'AGRICULTURE

La Région Donne Son Goût à La France

TERRE d'INFOS TV mieux vivre

bienvenue à la ferme

Marchés des Producteurs de Pays

LA CUISINE EST DANS LE PRÉ

TIENS, VOILÀ DU BON PAIN ! 10

La boule de campagne aux deux farines ... 13
Le pain d'automne ... 14
Le pain aux grattons et au lard pour l'apéritif ... 15
La fougasse olives et anchois ... 15
La brioche pour le dimanche matin ... 16

TOUT EST BON DANS LE COCHON 18

Sophie & Gilles, éleveurs porcins

Le cassoulet ... 27
Filets mignons de porc aux poires caramélisées ... 28
Côtes de porc à la crème et aux champignons à l'ancienne ... 31
Le jambon persillé pour une dizaine de personnes ... 31
Petit salé aux lentilles ... 32
Rôti de porc aux pruneaux ... 32
Rôti de porc aux légumes à la façon de Sophie ... 34
Tripes à l'ancienne ... 37
Carré de porc à la provençale ... 37
La potée auvergnate ... 38
Les rognons de porc à la crème ... 41
Andouillettes, sauce moutarde au vin blanc ... 41
La quiche au lard fumé ... 42
Boudin aux deux pommes ... 42
Le saucisson brioché du dimanche ... 45

BŒUFS ET VACHES 46

NE PAS METTRE LA CHARRUE AVANT LES BOEUFS 48

Jacques & Katia, éleveurs de bovins

Poitrine de veau farcie pour les dimanches de fête ... 57
La blanquette de veau ... 58

Bœuf en croûte des grands jours 61
Paupiettes de veau à la façon de tatie suzette 61
Tournedos de bœuf au poivre vert 63
Tartare de bœuf au couteau 63
Civet de bœuf 64
Bœuf bourguignon 66
Bœuf miroton 66
Tête de veau et sa fameuse sauce gribiche 68
Côte de bœuf à la sauce des vignes 68
La joue de bœuf sauce madère 71
Le carpaccio de bœuf selon Katia 73
Filet de bœuf ficelle 75
Pain de veau à la moutarde 75

LA DÉCOUPE D'UNE VACHE 76

LA CAMPAGNE SUR UN PLATEAU ! 78

Pâté de gueux aux pruneaux avec des restes de rôti de veau 80
Rillettes express de lapin aux noisettes 80
Confit aux trois oignons et aux épices 80
Confitures de tomates vertes 82
Tomates cerises vinaigrées 83
Tapenade de tomate 83

cocorico !!!!!

LA POULE AUX ŒUFS D'OR ! 84

Muriel & Julie, éleveuses de volailles

Parmentier de canard aux pistaches 93
Poulet au vinaigre 94
Pintade farcie aux figues rôties 94
La poule au pot 97
Bouillon de poule vermicelle 99
La salade du Volvestre 100
Poulet en croûte de sel de Guérande 103
Coq au vin 103
Canard à l'orange 104
Dinde aux châtaignes 106
Osso bucco de dinde 106
Omelette paysanne 106
Cailles à la vigneronne 109
Œufs en meurette 109
Râbles de lapin aux deux moutardes 109
Poulet rôti aux cèpes à la manière de Murielle 110
Chapon aux morilles à la crème 112
Lapin en gibelotte façon mamie Gilberte 112
Flancs caramel aux bons œufs 114

LA DÉCOUPE D'UNE VOLAILLE 116

DÉJEUNER SUR L'HERBE 118

Le poulet froid… et ses sauces originales 120
La salade de pommes de terre pour les grandes faims 123
Le roquefort aux noix à tartiner 123
Le gâteau de Yaourt aux fruits des bois 124
La citronnade maison et le vin blanc aux pêches 124

COMME UN POISSON DANS L'EAU ! 126

Catherine & François, pisciculteurs

La soupe de poisson comme la mitonne tante Jeannette 135
Rouleaux de truites farcis au chou 136
Les truites à la crème d'amande 139
Harengs pomme à l'huile 140
Pavé de cabillaud au jambon cru et girolles 140
Poulet aux écrevisses 140
Les papillotes de poisson (truite) selon françois 142
Bouillabaisse et l'indispensable rouille pour bouillabaisse 145
St Jacques en coquilles d'artichauts 145
Les rillettes de poisson façon François 146
Rôti de lotte à la fondue de poireaux 148
Brandade de morue 148
Bar aux épices 148
Sole meunière 151
Le gratin de poisson de Catherine 151

POISSONS DE NOS LACS ET RIVIÈRES 152

LES CAROTTES SONT CUITES ! 154

Françoise et Jean-Yves, maraîchers

Pistou tout vert pour fêter le printemps 163
Jardinière de légumes d'automne 164
Velouté de potiron aux pommes 167
La ratatouille chantante 169
Les champignons farcis du dimanche soir 169
Les vraies tomates à la provençale 170
Cake de légumes au curry 170
Le gratin d'endives au lard à la manière de Françoise 172
Gratinée à l'oignon 175
Velouté de petits pois à l'œuf poché et au lard 175
Petits choux farcis 176
Soupe de queues de persil aux croûtons d'été 176
Purée de fèves pour le gigot pascal 179
Purée de topinambour façon crumble 179
Gratin de courgettes au parmesan et aux pignons 179
Madeleines au potimarron et raisins secs 181

CHAMPIGNONS DE NOS CAMPAGNES 182

LES TRÉSORS DU PLACARD : LES BOCAUX SALÉS ! 184

La confiture de vieux garçon à l'eau-de-vie de poire 186
Pétales de tomates confites au thym 186
Les champignons des bois au vinaigre 189
Rillettes de canard aux herbes 189
Marbré de foie gras aux figues 190
Chèvres secs marinés à l'huile d'olive 190

À EN DEVENIR CHÈVRE ! 192

Véronique et Hervé, éleveurs de chèvres

Le rouleau printanier d'asperges et chèvres frais 201
La salade de chèvre chaud à la façon de Véronique 203
Ravioles au chèvre pignons et persil plat 205
Crêpes gourmandes au bleu d'auvergne 205
Tarte au chèvre tomates et poireaux 206
Cheesecake salé aux herbes 209
Chausson aux trois fromages 209
Charlotte de chèvre frais 209
Courgettes-fleurs farcies au chèvre frais et poivrons confits 210
Velouté de petits pois et croquettes de chèvres frais au sésame 210
Le chèvre pané et sa compotée de pommes 212
Soufflé au chèvre noix et pignons 212
Les dauphines au chèvre 214
La teurgoule (pour les amateurs de lait de vache) 217

OUTILS D'ANTAN 218

LES TRÉSORS DU PLACARD : LES BOCAUX SUCRÉS ! 220

La gelée de trognons de pommes 222
La confiture d'abricots aux amandes de mamie Marcelle 222
La goutte à l'orange et aux grains de café 222

HAUT COMME TROIS POMMES 224

Ursula & Vincent, arboriculteurs

Le clafoutis à la cannelle 233
La confiture figues-oranges aux épices 234
Le crumble aux cerises 237
Le pain perdu aux mangues 238

Le fameux quatre quarts de tante Marie 238
Le gratin aux pêches et amandes 240
Gâteau roulé aux framboises écrasées 243
Les bugnes à la chantilly de gingembre 243
Beignets à la compote de pommes 244
Tatin de pêches à la vanille 244
Gâteau amandin aux mirabelles 247
Tarte fine aux trois pommes 247
Flan pâtissier aux abricots 247
La tarte aux citrons d'Ursula 249
Tarte grillagée à la confiture de mûres 250
Pommes au four aux éclats de fruits secs 250
Poires au vin aux effluves d'épices 250
Pâte de coing 253
Tiramisu aux fraises 253

NIVEAUX DE DIFFICULTÉ DES RECETTES

Débutant	✻
Intermédiaire	✻✻
Initié	✻✻✻
Confirmé	✻✻✻✻

Parce qu'on ne vit pas que d'amour et d'eau fraîche

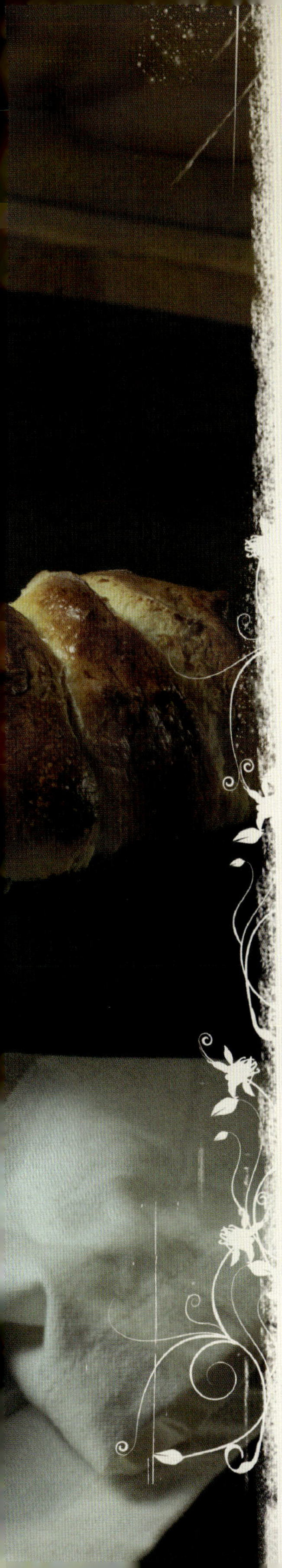

TIENS, VOILÀ DU BON PAIN !

INGRÉDIENTS

- 250 g de farine blanche
- 200 g de farine de seigle
- 25 g de levure de boulanger sèche
- 15 g de sel
- Un filet d'huile d'arachide

LA BOULE DE CAMPAGNE AUX DEUX FARINES

Préparation : **2h** | Cuisson : **30 min** | Difficulté : ✱

1. Dans un bol, émiettez la levure et diluez-la dans 30 cl d'eau tiède. Versez-la dans un saladier avec les deux farines. Ajoutez le sel, mélangez et pétrissez au moins une dizaine de minutes. Façonnez rapidement une boule de pâte, déposez-la dans le saladier et laissez-la lever une heure et demie dans un endroit tempéré de la cuisine; recouverte d'un linge.

2. Pétrissez à nouveau la pâte pendant cinq minutes puis versez-la dans une grande terrine ronde (ou un plat à gratin, le pain sera un peu plus plat) généreusement huilée. Faites une petite incision en forme de croix sur le dessus du pain et enfournez-le une trentaine de minutes à 200 °C.

3. Démoulez et patientez quelques minutes avant de rompre le pain.

INGRÉDIENTS

- 330 g de farine
- 1 quartier de potiron de 250 g environ
- 20 g de levure de boulanger
- 1 cuillerée à café de sucre
- 1 filet d'huile de noisette
- 1 pincée de cannelle en poudre
- Sel et poivre

LE PAIN D'AUTOMNE

Préparation : **40 min** + 2 h de levée de pain

Cuisson : **30 min** | Difficulté : ✻ ✻

1. Épluchez le quartier de potiron, coupez la chair en petits cubes et disposez-les dans un plat à gratin avec du sel, du poivre et l'huile de noisette. Recouvrez le plat de papier aluminium et enfournez-le une trentaine de minutes à 200 °C.

2. Quand les dés de potiron sont bien moelleux et encore chauds, écrasez-les à la fourchette puis laissez-les refroidir. Dans un bol, délayez la levure dans 15 cl d'eau tiède puis incorporez le tout à la farine, dans un saladier. Ajoutez le sucre, deux pincées de sel et la cannelle en poudre. Pétrissez longuement, au moins cinq bonnes minutes, avant d'incorporer la purée de potiron. Là aussi, il faut pétrir au moins cinq minutes pour bien amalgamer les ingrédients et obtenir une pâte souple et homogène. Façonnez une boule et laissez-la lever, recouverte d'un linge, pendant deux heures dans un endroit tiède de la cuisine.

3. Pétrissez à nouveau cette pâte une minute et façonnez un gros pain long. Déposez-lesur une plaque du four recouverte de papier sulfurisé et faites quelques incisions en croisillons sur le pain. Enfournez une trentaine de minutes à 180 °C. Ce pain est délicieux avec des terrines ou du fromage, il est aussi fort goûteux en croûtons, dans une soupe aux champignons par exemple.

LE PAIN AUX GRATTONS ET AU LARD POUR L'APÉRITIF

Préparation : **15 min**	Cuisson : **45 min**	Difficulté : ✱

INGRÉDIENTS

- 200 g de farine
- 250 g de grattons
- 3 tranches de poitrine fumée coupées en lardons
- 250 g de comté râpé
- 3 œufs
- 1 sachet de levure
- 10 cl de lait entier
- 1 bon verre de vin blanc sec
- Sel et poivre

1. Faites saisir les lardons de poitrine fumée deux minutes dans une poêle sans ajouter de matières grasses puis laissez tiédir. Dans un saladier, battez énergiquement les œufs en omelette, versez la farine en pluie, la levure puis ajoutez peu à peu le lait, le vin blanc et le comté râpé sans cesser de battre avec une fourchette. Ajoutez une bonne pincée de sel et deux tours de moulin à poivre.

2. Recouvrez l'intérieur d'un moule à cake de papier sulfurisé, versez un tiers de la pâte, parsemez la moitié des grattons et des lardons, ajoutez un tiers de pâte, le reste des grattons et des lardons puis recouvrez de pâte.

3. Enfournez le pain aux grattons pendant trois quarts d'heure à160 °C. Démoulez et laissez tiédir le pain sur une grille avant de le couper en tranches généreuses.

LA FOUGASSE OLIVES ET ANCHOIS

Préparation : **2h30**	Cuisson : **30 min**	Difficulté : ✱✱

INGRÉDIENTS

Pour la pâte

- 350 g de farine blanche
- 25 g de levure de boulanger
- 10 g de sel fin
- 15 cl d'huile d'olive

Pour la garniture

- 50 g d'olives noires dénoyautées
- 4 anchois à l'huile d'olive
- Quelques brins de thym
- 1 pincée de fleur de sel
- 1 cuillerée à soupe d'huile d'olive

1. Dans un saladier, disposez la farine et creusez un puits dans lequel vous émiettez la levure. Ajoutez 15 cl d'eau tiède, recouvrez le puits et laissez reposer un quart d'heure. Mélangez ensuite la farine avec 15 cl d'eau tiède, le sel et l'huile. Pétrissez en malaxant bien pendant une bonne dizaine de minutes.

2. Façonnez une boule de pâte, couvrez-la d'un linge et laissez-la reposer une heure dans un endroit tempéré de la cuisine. Pétrissez à nouveau la pâte et incorporez les deux tiers des olives noires grossièrement hachées, les anchois coupés finement et du thym effeuillé. Laissez à nouveau reposer la pâte sous un linge humide pendant une heure. Etalez ensuite la pâte sur le plan de travail légèrement fariné : il faut réaliser un pain plat (3 cm d'épaisseur au maximum) de forme ovale. Déposez-le sur une plaque recouverte de papier sulfurisé. Faites quelques incisions en forme d'épi puis étirez légèrement la fougasse pour agrandir les fentes.

3. Dans un bol, mélangez le reste des olives noires hachées et du thym effeuillé avec l'huile d'olive. Battez bien et badigeonnez cette préparation sur toute la surface de la fougasse. Parsemez de fleur de sel et enfournez la fougasse une trentaine de minutes à 220 °C.

INGRÉDIENTS

- 350 g de farine blanche
- 10 g de levure de boulanger
- 3 cuillerées à soupe d'huile d'arachide
- 1 œuf + 1 jaune
- 2 pincées de fleur de sel
- 10 cl de lait tiède
- 2 cuillerées à soupe de sucre
- 1 cuillerée à soupe d'eau de fleur d'oranger

LA BRIOCHE POUR LE DIMANCHE MATIN

Préparation : **3 h** | Cuisson : **20 min** | Difficulté : ✻✻

1. Dans un bol, délayez la levure émiettée dans le lait tiède. Dans un saladier, mélangez la farine, la fleur de sel et le sucre. Incorporez peu à peu la levure délayée, l'œuf entier, l'eau de fleur d'oranger et l'huile d'arachide.

2. Pétrissez une dizaine de minutes, jusqu'à ce que la pâte soit très souple et ne colle plus aux doigts. Remettez la pâte dans un saladier, recouvrez-la d'un linge et laissez-la lever une bonne heure.

3. Ensuite, pétrissez la pâte une minute et séparez-la en en trois morceaux. Façonnez-les pour former trois longs boudins. Pincez l'extrémité des trois boudins de pâte pour les sceller entre eux. Tressez les trois parties et déposez le pain brioché sur la plaque du four recouverte de papier sulfurisé. Laissez lever une demi-heure puis badigeonnez avec un pinceau le pain tressé de jaune d'œuf battu avec une cuillerée à soupe d'eau.

4. Enfournez le pain tressé à 180 °C pendant une bonne vingtaine de minutes. La brioche peut aussi être présentée dans un moule à kouglof ou dans un moule à cake.

TOUT EST BON DANS LE COCHON

Sophie & Gilles

Éleveurs porcins à Sainte-Marguerite-sur-Duclair (76)

Depuis qu'ils se sont rencontrés en 1987, Gilles et Sophie voient la vie en rose au milieu de leurs cochons. Une histoire d'amour entre traditions et désir d'entreprendre. Car si Sophie rejoint Gilles sur son installation à Sainte-Marguerite-sur-Duclair dès 1988, c'est pour faire prospérer ensemble un héritage familial emprunt de courage et de labeurs. Des valeurs qu'ils s'efforcent de transmettre à leurs trois fils : Gontran, Baptiste et Léo, et qu'ils mettent au service des clients de leur exploitation.

L'amour
est dans les prés de Haute-Normandie

Des champs à perte de vue, entre soleil et brume, délimitent les contours de cette région du nord de la France, d'une grande diversité : la Haute Normandie ! Forte des racines et de la culture normande, elle regroupe les départements de la Seine-Maritime et de l'Eure qui s'offrent entre paysages forestiers et horizons marins. Ainsi, la région porte une bonne partie de l'héritage maritime normand : ses ports (dont les célèbres ports du Havre et de Rouen qui en font la première façade maritime de France), ses plages, et les nuances de la Seine.

30000 travailleurs agricoles actifs, 16000 exploitations réparties sur les 2/3 du territoire régional, une forte tradition céréalière, ainsi qu'une grande implantation de l'élevage animal font de la Haute-normandie une grande région agricole !

Les vergers de Haute Normandie

SUR L'EXPLOITATION AVEC GILLES

Il faut remonter plus d'un siècle en arrière pour comprendre l'histoire de l'exploitation sur laquelle Gilles et Sophie vivent aujourd'hui. Cette ferme, achetée en 1889 par l' arrière grand-père de Gilles aura servi de décor à toute l'histoire de la famille Servais-Picord. Une généalogie faite d'un savoir-faire particulier, de générosité et de transmission. Car tout comme son grand-père et sa mère, Gilles est né sur ces terres, au cœur de la commune de Sainte-Marguerite-sur-Duclair.

Aux origines l'activité de la ferme se consacre à l'élevage bovins, et c'est le père de Gilles qui construit la première porcherie en 1967 sur une parcelle des 24 hectares que compte la propriété.
Gilles s'installe à son compte sur l'exploitation en 1986. Il a alors 21 ans et un certificat de spécialisation en production porcine. Sa formation est complète : conception des bâtiments, entretien, problématiques économiques. Il va avoir à cœur de faire prospérer l'activité familiale et d'assurer la filiation de son père. Aujourd'hui, c'est sur 60 hectares qu'il prend soin de ses animaux, et qu'il maintient avec fierté l'autonomie de l'élevage en assurant également la production des céréales et protéagineux nécessaires à leur alimentation. Avec une production de 1500 porcs par an, l'exploitation fait vivre près de six salariés et quatre apprentis, qui se répartissent entre la porcherie et la charcuterie créée en 2003. Né d'un besoin de voir et de contrôler la finalité du produit, ce magasin de vente directe est aussi l'occasion pour Gilles et Sophie de proposer des produits à des prix accessibles et d'une qualité maximale.
Véritable force familiale chez les Servais-Picord, la transmission se poursuit avec les enfants de Gilles et Sophie, bien décidés à continuer l'activité de leurs pairs…

Légende des photos :
1. Bienvenue à la ferme !
2. Léo dans le hangar
3. Gontrand sur le tracteur

1

2

3

LA VIANDE DE PORC

Comment la choisir ?

La meilleure chair de cochon est celle qui est ferme et d'un gris rose pâle, sans marques blanches qui indiquent que le cochon était ladre. Les cochons jeunes, bien en chair, pas trop gras, sont les meilleurs. Surtout : que la graisse soit bien blanche !

Quelle pièce pour quelle recette ?

Pour les rôtis, les morceaux que l'on prend ordinairement sont le filet, le carré (ou échinée, désigné aussi dans quelques villes sous le nom d'attelet) et le jambon (ou cuisse).
Le carré et le morceau du filet sont les morceaux les plus délicats pour mettre à la broche.

Le jambon : ce sont les cuisses du cochon que l'on emploie d'ordinaire pour faire des jambons. On peut aussi apprêter de cette manière les épaules. Les jambons de la Bigorre et du Béarn, connus sous le nom de jambons de Bayonne, puis les jambons de Bordeaux ou d'Angers sont réputés les meilleurs. Sans oublier les délicieux petits jambons roulés de Strasbourg.

La bonne saucisse...

Il y a trois espèces de saucisses : les saucisses longues et rondes, les saucisses plates appelées aussi crépinettes, et les petites saucisses chipolatas, mais ces dernières ne s'emploient d'ordinaire que pour les garnitures.
Elles sont constituées de chair de porc (moitié gras, moitié maigre) ou bien tout simplement de poitrine. La préparation s'entonne ensuite dans des boyaux de porcs ou de moutons, selon que l'on désire les saucisses plus ou moins grosses.

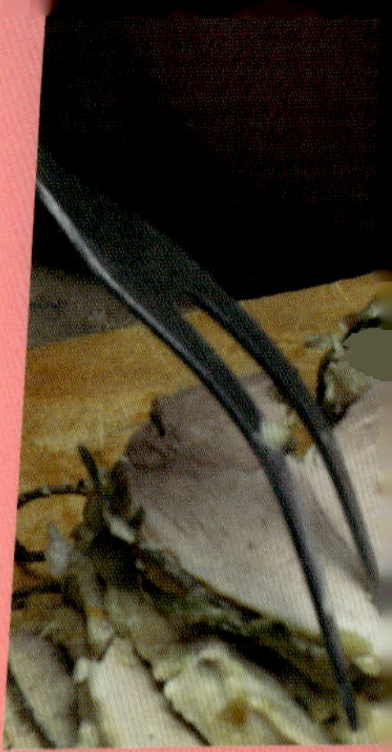

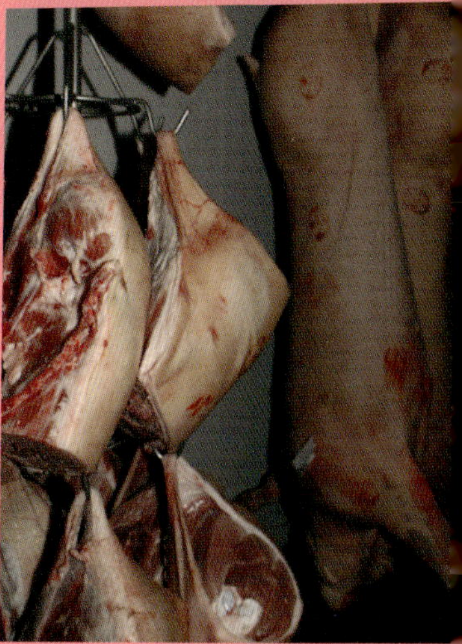
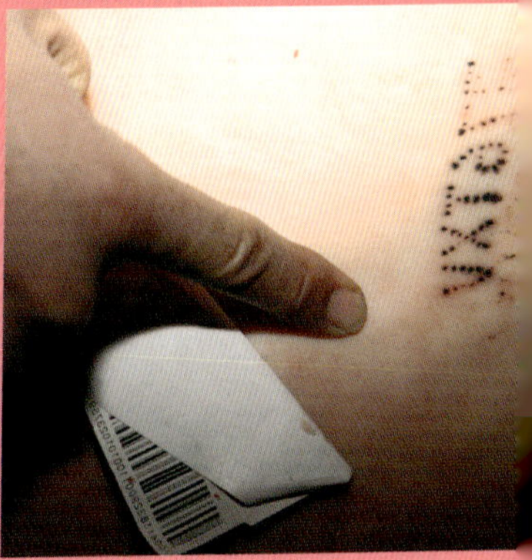

LES MEILLEURES
RECETTES DE SOPHIE

INGRÉDIENTS
POUR
6 PERSONNES

- 1 kg de haricots tarbais
- 1 saucisson à l'ail à cuire
- 250 g de couennes fraîches
- 250 g de lard frais
- 1 kg de collier d'agneau
- 6 cuisses de canard confites avec leur graisse
- 1 oignon
- 2 carottes
- 2 tomates
- 150 g de chapelure fine
- Quelques brins de persil plat
- 1 bouquet garni

LE CASSOULET

Préparation : **35 min** | Cuisson : **2h40** | Difficulté : ✱✱✱

1. Comme beaucoup de plats mijotés, le cassoulet est encore meilleur si vous le préparez la veille. Faites tremper les haricots deux ou trois heures dans une grande bassine d'eau froide. Égouttez-les, versez-les dans une casserole remplie d'eau froide et portez à ébullition pendant une dizaine de minutes. Égouttez et versez-les dans une grande marmite avec de l'eau froide puis portez-les à nouveau à ébullition, cette fois avec les couennes, le lard coupé en morceaux, l'oignon haché en dés, les carottes coupées en épaisses rondelles et le bouquet garni. Assaisonnez de sel et de poivre puis laissez mijoter doucement pendant une heure à feu moyen.

2. Dans une cocotte, faites chauffer légèrement les cuisses de canard confites pour récupérer leur graisse puis retirez-les de la casserole. Faites colorer dans la graisse le collier d'agneau coupé en gros morceaux et remuez jusqu'à ce qu'ils soient uniformément colorés.

3. Pelez les tomates, épépinez-les et coupez-les en petits cubes. Ajoutez-les dans la cocotte avec l'agneau, incorporez les cuisses de canard et une louche du bouillon de cuisson des haricots. Laissez mijoter doucement une demi-heure avant de goûter pour rectifier l'assaisonnement.

4. Dans un grand plat à gratin, étalez une couche de haricots tarbais et de carottes, recouvrez avec les différentes viandes et des tranches épaisses de saucisson à l'ail puis remettez une généreuse couche de haricots tarbais. Ajoutez deux louches de bouillon de cuisson, saupoudrez de chapelure et enfournez une heure et demie à 160 °C en cassant une ou deux fois la croûte qui se forme au cours de la cuisson, cela permet d'évacuer l'humidité. Parsemez de persil plat finement ciselé, juste au moment de servir.

CONSEIL EN VIN : CASA MAGREZ URUGUAY 2005 ROUGE

INGRÉDIENTS
POUR
4 PERSONNES

- 800 g environ de mignon de porc
- 4 poires conférences
- 2 cuillerées à soupe de miel liquide
- 1 noisette de beurre
- Un petit filet d'huile d'arachide
- Sel et poivre

FILETS MIGNONS DE PORC AUX POIRES CARAMÉLISÉES

Préparation : **25 min** | Cuisson : **20 min** | Difficulté : ✱

1. Épluchez les poires. Coupez-les en quatre et retirez les trognons. Émincez chaque quartier en quatre tranches. Disposez-les dans une poêle, ajoutez une pincée de sel et versez le miel liquide.

2. À feu moyen, faites caraméliser les quartiers de poires en les retournant de temps en temps pour qu'ils soient colorés uniformément. Coupez le filet mignon en six épais tronçons, assaisonnez-les de sel et de poivre puis faites-les cuire vingt minutes à feu doux dans une autre poêle avec le beurre et l'huile d'arachide.

3. Le secret de Sophie est qu'elle cuit toujours longuement et à petit feu le cochon pour qu'il soit moelleux et plus goûteux. Dressez joliment la viande dans les assiettes et accompagnez des poires caramélisées et d'une bonne salade verte.

• LE CONSEIL DE BERNARD MAGRET, ŒNOLOGUE •

Château Fombrauge 2004, la sucrosité des poires et la texture du porc iront très bien avec ce type de vin, à la fois puissant et élégant.

CÔTES DE PORC À L'ANCIENNE À LA CRÈME ET AUX CHAMPIGNONS

Préparation : **10 min** | Cuisson : **15 min** | Difficulté : ✻

1. Dans une poêle, faites revenir l'oignon émincé avec la moitié du beurre et un très petit filet d'huile d'arachide. Baissez le feu et faites-y cuire les côtes de porc assaisonnées de sel et de poivre, cinq minutes sur chaque face environ.

2. Pendant ce temps, lavez et émincez les champignons de Paris. Assaisonnez-les et faites-les cuire dans une poêle avec le reste de beurre. Retirez les côtes de porc de la poêle, réservez-les entre deux assiettes chaudes pour éviter qu'elles ne refroidissent.

3. Versez le marc de Bourgogne dans la poêle et flambez aussitôt. Ajoutez la crème et, dès la reprise de l'ébullition, incorporez les champignons bien dorés. Remuez et nappez les côtes de porc avec cette sauce onctueuse. Préparez des pâtes fraîches ou du riz blanc pour accompagner ce plat.

CONSEIL EN VIN : DOMAINE DE CHEVALIER ROUGE PESSAC LÉOGNAN 2003

INGRÉDIENTS POUR 4 PERSONNES

- 4 belles côtes de porc
- 500 g de champignons de Paris
- 60 g de beurre
- Un petit filet d'huile d'arachide
- 20 cl de crème fraîche épaisse
- 5 cl de marc de Bourgogne
- 1 oignon
- Sel et poivre

LE JAMBON PERSILLÉ POUR UNE DIZAINE DE PERSONNES

Préparation : **45 min** | Cuisson : **2 h** | Difficulté : ✻✻✻

INGRÉDIENTS POUR 10 PERSONNES

- 2 kg d'épaule de jambon demi-sel
- 1 pied de veau fendu en deux
- 1,5 litre de vin blanc
- 1 bouquet garni
- 1 oignon piqué de deux clous de girofle
- 1 bouquet d'estragon
- 1 bouquet de persil plat
- 3 gousses d'ail
- 1 cuillerée à café de poivre en grains
- 1 petit verre de vinaigre

1. La veille, dans une grande casserole d'eau froide non salée, plongez le jambon et portez à ébullition cinq minutes. Égouttez le jambon puis retirez le gros os, le maximum de couennes et ficelez-le comme un rôti. Déposez-le dans une grande casserole, recouvrez-le de vin blanc (et d'eau si nécessaire) puis ajoutez le pied de veau coupé en deux, le bouquet garni, l'estragon ficelé en botte, les grains de poivre un peu écrasés et l'oignon piqué de clous de girofle.

2. Laissez cuire au moins deux bonnes heures, jusqu'à ce que la chair du jambon se détache en lambeaux. Retirez le jambon et le pied de veau et passez le bouillon de cuisson à travers un chinois (c'est une passoire très fine) dans laquelle vous aurez déposez un linge. Ainsi, le bouillon de cuisson va être filtré de toutes ses impuretés. Remettez le bouillon dans une casserole sur feu moyen et laissez bouillir jusqu'à ce qu'il soit réduit des deux tiers. Pendant ce temps, effilochez le jambon. Préparez une persillade en hachant très finement le persil et les gousses d'ail. Versez le vinaigre dans le bouillon réduit.

3. Choisissez un grand saladier et commencez par étaler une couche de jambon effiloché, une couche de persillade et un peu de bouillon. Renouvelez l'opération plusieurs fois. Quand ce millefeuille est terminé, déposez une assiette sur le jambon persillé pour le tasser un peu et réservez toute la nuit au réfrigérateur.

4. Le jour même, coupez de belles tranches de jambon persillé pour le repas dominical en famille. Vous pouvez aussi préparer une salade avec les pieds de veau en les désossant, en les taillant finement et en les assaisonnant d'une vinaigrette bien relevée.

PETIT SALÉ AUX LENTILLES

Préparation : **15 min** | Cuisson : **1h45** | Difficulté : ✱

1. La veille, faites tremper le petit salé dans de l'eau froide et changez l'eau deux ou trois fois. Déposez les morceaux de viandes dans une grande cocotte, recouvrez-les d'eau froide et portez le tout à ébullition.

2. Laissez mijoter une heure puis incorporez les carottes, les échalotes taillées en petits cubes, et l'oignon piqué de clous de girofle.

3. Le jour même, incorporez les lentilles, assaisonnez de sel et de poivre avant de poursuivre la cuisson à petit feu pendant une bonne trentaine de minutes. Enfin, ajoutez les saucisses piquées avec la pointe d'un couteau pour éviter qu'elles n'éclatent.

4. Après une quizaine de minutes à petits frémissements, le petit salé est prêt. Et n'hésitez pas à apporter la cocotte à table pour le plus grand plaisir des convives affamés !

INGRÉDIENTS
POUR
4 PERSONNES

- 800 g de petit salé (échine et travers)
- 300 g de lentilles vertes du Puy
- 4 saucisses de Montbéliard
- 2 carottes
- 4 échalotes
- 1 gros oignon piqué de trois clous de girofle
- Sel et poivre

INGRÉDIENTS
POUR
6 PERSONNES

- 1 rôti de porc d'un kilo environ
- Une bonne vingtaine de pruneaux dénoyautés
- 3 gousses d'ail
- 6 échalotes
- 1 verre de maury ou de porto rouge
- 1 noisette de beurre
- un filet d'huile d'arachide
- 250 g de crème fraîche épaisse
- Sel et poivre

RÔTI DE PORC AUX PRUNEAUX

Préparation : **10 min** | Cuisson : **50 min** | Difficulté : ✱

1. Dans une cocotte avec l'huile d'arachide et le beurre, faites colorer sur toutes les faces le rôti assaisonné de sel et de poivre, dix minutes. Pour le tourner sur chaque côté, préférez une pince plutôt qu'une fourchette : le jus s'écoule par les petites incisions et le rôti devient sec. Ajoutez les gousses d'ail sans les peler, les échalotes pelées et entières, et versez le vin.

2. Remettez le couvercle sur la cocotte et laissez mijoter une quarantaine de minutes à feu doux, en faisant attention qu'il y ait toujours du liquide dans la casserole. Sinon, ajoutez un peu de vin ou d'eau.

3. Incorporez les pruneaux à mi-cuisson et, cinq minutes avant la fin, ajoutez la crème épaisse. Donnez un tour de moulin à poivre et servez aussitôt le rôti avec des pâtes fraîches ou une purée de pommes de terre.

CONSEIL EN VIN : DOMAINE DE CHEVALIER ROUGE PESSAC LÉOGNAN 2003

INGRÉDIENTS
POUR
4 PERSONNES

- 1 rôti de porc d'environ 1kg
- 1 petit chou vert
- 4 navets ronds
- 4 poireaux
- 4 carottes
- 100 g de lardons de poitrine fumée
- 3 oignons
- 25 cl de crème fraîche épaisse
- Quelques brins de persil plat
- Huile d'olive
- 2 pincées de gros sel
- Sel et poivre

RÔTI DE PORC AUX LÉGUMES À LA FAÇON DE SOPHIE

Préparation : **30 min** | Cuisson : **1h30** | Difficulté : ✱

1. Dans un plat en fonte (Sophie garantit que ce type de plat est essentiel pour saisir parfaitement la viande), déposez le rôti de porc, arrosez-le d'huile d'olive et assaisonnez-le d'une pincée de sel fin et de poivre fraîchement moulu. Pelez et émincez grossièrement un oignon et parsemez-le dans le plat autour du rôti. Versez un peu d'eau pour éviter que le rôti n'accroche au plat et enfournez-le sans préchauffage (cela évite à la viande de porc de déssécher) pendant une heure et demie à 180 °C.

2. Pendant ce temps, lavez les légumes. Taillez les poireaux en petits tronçons. Otez les premières feuilles du chou, coupez-le en deux et retirez la partie centrale (le trognon un peu dur). Émincez les feuilles de chou.

3. Dans une cocotte avec un filet d'huile d'olive, faites suer deux oignons grossièrement émincés, ajoutez le chou et le gros sel. Versez une tasse d'eau, remuez et laissez mijoter. Incorporez alors les tronçons de poireaux, les navets épluchés et coupés en quatre, les carottes épluchées et taillées en tranches épaisses. Ajoutez enfin les lardons et le persil ciselé, recouvrez d'eau, versez un filet d'huile d'olive et laissez mijoter à feu doux jusqu'à ce que les légumes aient absorbé tout le bouillon de cuisson.

4. Entourez le rôti avec les légumes bien chauds et ajoutez la crème fraîche épaisse juste au moment de servir : elle va fondre doucement et napper délicieusement la viande et la garniture confite.

• LE CONSEIL DE BERNARD MAGRET, SPÉCIALISTE DU VIN •

Château Sociando - Mallet 2006, un vin ample et ferme par le Cabernet Sauvignon et le Merlot se marie élégamment avec le croquant des légumes et de la peau du rôti.

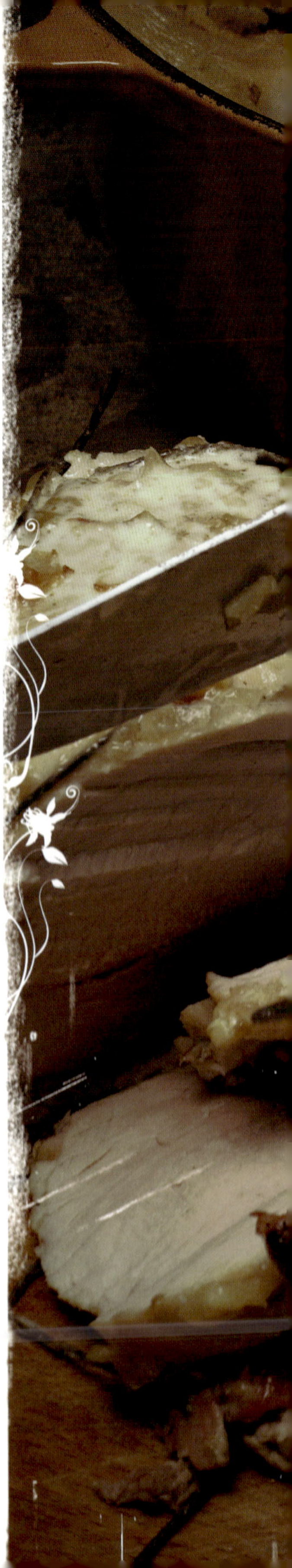

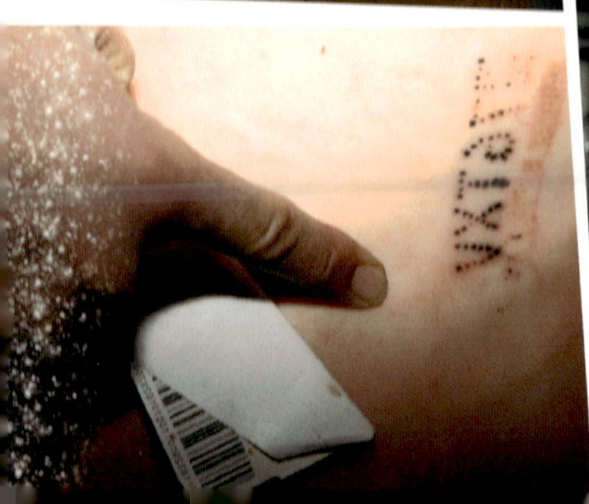
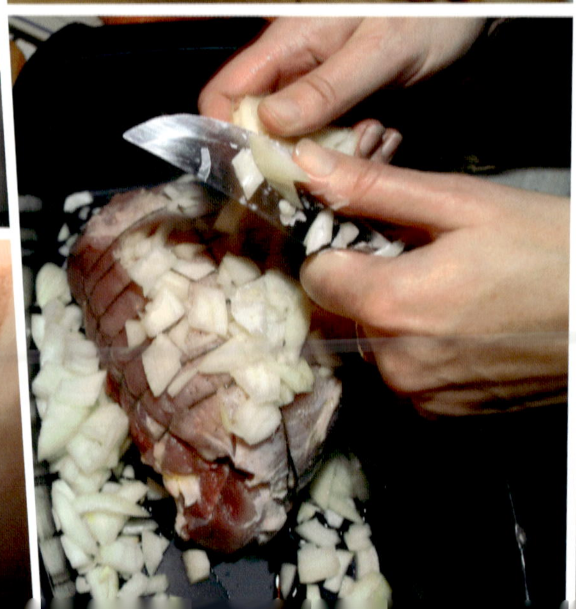

TRIPES À L'ANCIENNE

Préparation : **15 min** | Cuisson : **3 h** | Difficulté : ✲✲

1. Les tripes de porc sont beaucoup moins connues que les tripes de bœuf, elles figurent généralement dans des recettes anciennes que seuls quelques initiés continuent à perpétuer. La veille, faites tremper la panse de porc dans une grande bassine d'eau froide en changeant l'eau assez souvent.

2. Égouttez la panse et coupez-la en lanières d'un centimètre de largeur environ. Dans une cocotte avec le beurre, faites fondre une minute les carottes et les oignons, coupés en dés, en les remuant sans cesse. Ajoutez les tripes, le pied de veau et le verre d'eau-de-vie puis remuez encore.

3. Enfin, versez le vin blanc, couvrez d'eau si nécessaire jusqu'à ce que les tripes soient entièrement recouvertes par le bouillon et ajoutez l'oignon clouté de girofle, les gousses d'ail pelées, le thym, le laurier, du sel et du poivre.

4. Laissez mijoter trois bonnes heures à feu doux en ajoutant de l'eau si nécessaire. Servez les tripes brûlantes, parsemées de persil plat ciselé.

INGRÉDIENTS
POUR
6 PERSONNES

- 1 kg de panse de porc
- 1 pied de veau fendu en deux
- 1 feuille de laurier
- 1 branche de thym
- 1 bouteille de vin blanc sec
- 1 verre d'eau-de-vie de poire
- 1 oignon piqué de deux clous de girofle
- 2 carottes
- 2 gros oignons
- 4 gousses d'ail
- 1 noix de beurre
- Quelques brins de persil plat
- Sel et poivre

INGRÉDIENTS
POUR
6 PERSONNES

- 1 carré de porc de six côtes
- 600 g de tomates cerise
- 6 gousses d'ail
- 2 courgettes
- 1 aubergines
- Quelques brins de thym
- 50 g d'olives noires dénoyautées
- 3 filets d'anchois
- Un filet d'huile d'olive
- Sel et poivre

CARRÉ DE PORC À LA PROVENÇALE

Préparation : **10 min** | Cuisson : **45 min** | Difficulté : ✲

1. Avec un couteau bien aiguisé, faites des petites incisions en forme de croisillons sur le gras du carré de porc (demandez au boucher de le faire). Badigeonnez d'huile d'olive, assaisonnez de sel, de poivre et de thym émietté.

2. Déposez la viande dans un plat à gratin et enfournez un quart d'heure à 180 °C. Coupez les courgettes et l'aubergine en petits cubes.

3. Dans un saladier, mélangez ces légumes avec les tomates cerises, les olives noires grossièrement hachées avec les anchois, les gousses d'ail en chemise (cela signifie qu'elles ne sont pas pelées) et arrosez d'un filet d'huile d'olive. Mélangez bien et répartissez cette garniture autour du carré de porc.

4. Laissez cuire encore une trentaine de minutes.

CONSEIL EN VIN : SI MON PÈRE SAVAIT CÔTES DU ROUSSILLON 2005 ROUGE

INGRÉDIENTS
POUR
6 PERSONNES

• 300 g de poitrine de porc demi-sel
• 1/2 palette de porc demi-sel
• 1 saucisson à cuire
• 1 langue de porc
• Une dizaine de grains de poivre
• 1 oignon piqué
de deux clous de girofle
• 3 gousses d'ail
• 1 bouquet garni
• 4 carottes
• 6 pommes de terre
• 4 navets
• 2 poireaux
• 1 petit chou vert

LA POTÉE AUVERGNATE COMME L'AIME GILLES

Préparation : **20 min** | Cuisson : **4 h** | Difficulté : ✳

1. Dans une grande marmite, déposez la langue de porc, la poitrine et la palette, couvrez d'eau et portez à ébullition cinq minutes. Égouttez et rincez les viandes pour les débarrasser de toutes les impuretés puis remettez-les dans la casserole avec de l'eau froide et commencez la cuisson.

2. Avec l'écumoire, retirez toutes les impuretés qui se forment à la surface du bouillon puis, quand il est définitivement clair, ajoutez l'oignon, les grains de poivre, le bouquet garni, les gousses d'ail épluchées et laissez cuire deux heures à petits frémissements. Ajoutez ensuite le chou coupé en quatre et débarrassé de son trognon, les poireaux ficelés en botte, les carottes et les navets épluchés et coupés en gros morceaux. Laissez mijoter une heure.

3. Incorporez enfin les pommes de terre épluchées et coupées en deux ou trois selon leur taille et le saucisson piqué une dizaine de fois avec la pointe d'un couteau pour éviter qu'il n'éclate. Laissez cuire encore une bonne demi-heure. Servez cette potée auvergnate dans un grand plat pour mettre en valeur toutes les saveurs et les couleurs de cette recette revigorante.

CONSEIL EN VIN :
C'EST MON PANACHE BERGERAC GÉRARD DEPARDIEU 2005 ROUGE

LES ROGNONS DE PORC À LA CRÈME

Préparation : **15 min** | Cuisson : **20 min** | Difficulté : ✲✲

1. Coupez les rognons en deux dans le sens de la longueur, retirez le gras et les filaments. Plongez-les dans une casserole d'eau froide, portez-les à ébullition une minute et égouttez-les.

2. Dans une sauteuse, faites fondre le beurre et déposez les demi-rognons pour les faire colorer deux minutes de chaque côté. Ajoutez les lardons, l'ail haché et les oignons grelots pelés. Saupoudrez de farine et remuez longuement pour enrober tous les ingrédients. Versez le verre d'armagnac et le vin blanc.

3. Laissez mijoter cinq minutes avant d'ajouter la crème épaisse, du sel et du poivre. Après dix minutes de mijotage doux, les rognons à la crème sont prêts.

CONSEIL EN VIN : CHÂTEAU LAGRANGE 2004 ROUGE

INGRÉDIENTS
POUR 4 PERSONNES

- 4 rognons de porc
- 150 g de lardons
- 2 douzaines d'oignons grelots
- 1 cuillerée à soupe de farine
- 220 g de crème épaisse
- 1 gousse d'ail
- 1 verre de vin blanc
- 1 petit verre d'armagnac
- 1 noisette de beurre
- Sel et poivre

ANDOUILLETTES SAUCE MOUTARDE AU VIN BLANC

Préparation : **10 min** | Cuisson : **30 min** | Difficulté : ✲✲

1. Dans un petit plat à gratin beurré, déposez l'andouillette avec les brins de thym. Enfournez-la une trentaine de minutes à 180 °C en la retournant régulièrement pour la faire griller uniformément.

2. Pendant ce temps, faites fondre une grosse noix de beurre, ajoutez la moutarde et la farine et remuez vigoureusement. Versez le vin blanc, mélangez encore et laissez cuire quelques minutes.

3. Goûtez pour rectifier l'assaisonnement et nappez l'andouillette de cette sauce bien chaude au moment de passer à table. Rien de tel que des pommes de terre vapeur pour accompagner l'andouillette sauce moutarde !

CONSEIL EN VIN : PÉRENNE BLANC 2007 CÔTES DE BLAYE

INGRÉDIENTS
POUR 4 PERSONNES

- 1 grosse andouillette
- 2 brins de thym
- 1 cuillerée à soupe de farine
- 2 cuillerées de moutarde forte de Dijon
- 2 verres de vin blanc
- 1 grosse noix de beurre

LA QUICHE AU LARD FUMÉ QUI RÉGALE LA FAMILLE

Préparation : **15 min** | Cuisson : **30 min** | Difficulté : *

1. Coupez la poitrine fumée en petits lardons et faites-les dorer dans une poêle sans ajouter de matières grasses. Laissez-les ensuite tiédir.

2. Dans un saladier, battez les œufs en omelette et ajoutez la crème. Assaisonnez de sel, de poivre et de noix de muscade, et incorporez les lardons. Étalez la pâte brisée dans un plat à tarte recouvert de papier sulfurisé.

3. Piquez le fond de pâte avec une fourchette et parsemez de graines de fenouil. Versez la préparation à base de lardons et enfournez une trentaine de minutes à 180 °C.

4. Sophie a rajouté la petite touche qui change tout : dans sa quiche au lard fumé, les graines de fenouil sont de véritables réveille-papilles !

INGRÉDIENTS
POUR
6 PERSONNES

- 250 g de poitrine fumé
- 250 g de pâte brisée
- 200 g de crème fraîche
- 3 œufs
- 1 pincée de graines de fenouil
- 1 pincée de noix de muscade
- Sel et poivre

BOUDIN AUX DEUX POMMES

Préparation : **10 min** | Cuisson : **20 min** | Difficulté : * *

1. Épluchez les pommes de terre et coupez-les en rondelles. Faites-les sauter une dizaine de minutes dans une poêle avec l'huile d'arachide et la moitié du beurre, du sel et du poivre. Puis arrêtez la cuisson (les pommes de terre ne seront pas cuites mais c'est normal !) et laissez tiédir.

2. Épluchez les pommes golden et émincez-les comme pour faire une tarte aux pommes. Façonnez quatre rosaces en alternant des lamelles de pommes de terre et des lamelles de pommes. Déposez ces rosaces dans une poêle avec un peu de beurre et faites-les dorer sur les deux faces. Pour les retourner sans catastrophe, utilisez une spatule.

3. Saisissez le boudin dans une autre poêle avec le reste du beurre. Dans les assiettes, déposez les rosaces aux deux pommes bien dorées et posez par-dessus les morceaux de boudin noir.

CONSEIL EN VIN :
CHAPELLE DE CHÂTEAU GUERRY 2001 CÔTES DE BOURG ROUGE

INGRÉDIENTS
POUR
4 PERSONNES

- 4 morceaux de boudin noir
- 2 pommes golden
- 4 pommes de terre roseval
- 1 grosse noix de beurre
- Un filet d'huile d'arachide
- Sel et poivre

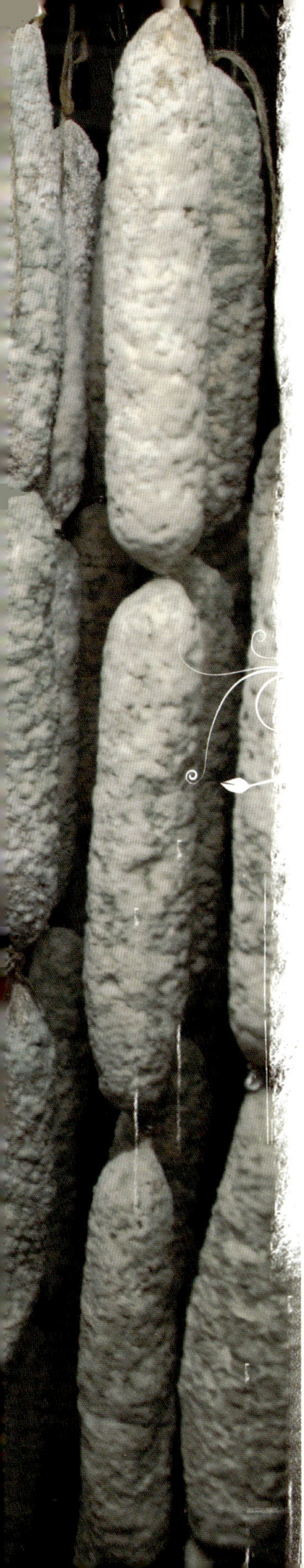

INGRÉDIENTS
POUR
6 PERSONNES

- 1 saucisson à cuire

Pour la pâte à brioche
- 300 g de farine
- 2 œufs + 1 jaune d'œuf
- 80 g de beurre
- 10 g de levure de boulanger
- 2 cuillerées à soupe de lait tiède
- 1 pincée de fleur de sel

LE SAUCISSON BRIOCHÉ DU DIMANCHE

Préparation : **20 min** | Cuisson : **1 h** | Difficulté : ✱✱✱

1. Avec la pointe d'un couteau d'office, piquez le saucisson une dizaine de fois sur toute sa surface, plongez-le dans de l'eau frémissante non salée pendant une demi-heure. Éteignez le feu et laissez refroidir le saucisson dans son eau de cuisson.

2. Confectionnez la pâte à brioche : délayez la levure avec le lait tiède. Dans un saladier, mettez la farine et faites un petit puits, versez-y la levure délayée, refermez le puits avec la farine et laissez reposer une bonne demi-heure à température ambiante.

3. Puis incorporez les deux œufs entiers, le beurre fondu et la fleur de sel, tout en pétrissant. Façonnez une boule de pâte et laissez-la lever pendant une heure dans le saladier couvert d'un linge, dans un endroit chaud de la cuisine. Retirez la peau du saucisson et posez-le sur du papier absorbant.

4. Dans un moule à cake recouvert de papier sulfurisé, déposez la moitié de la pâte à brioche, puis le saucisson à cuire, recouvrez du reste de pâte et laissez reposer une demi-heure. Avec un pinceau, badigeonnez la brioche avec le jaune d'œuf battu avec un peu d'eau puis enfournez une trentaine de minutes à 200 °C.

5. Démoulez délicatement et servez d'épaisses tranches de saucisson brioché avec une bonne salade de pissenlit ou une purée de pommes de terre.

CONSEIL EN VIN :
GIROUETTE DE PÉRENNE 2004 CÔTES DE BLAYE ROUGE

Grav. 16. — Vache laitière hollandaise donnant 35 litres de lait par jour.

BŒUFS ET VACHES

Grav. 20. — Bœuf charollais.

Grav. 19. — Bœuf hollandais.

Grav. 18. — Bœuf durham-manceau.

Grav. 22. — Taureau breton (petite race).

Fig. 3. — Type de la Vache laitière.

NE PAS METTRE LA CHARRUE AVANT LES BŒUFS

Katia & Jacques

Éleveurs bovins à Saint-Hilaire-du-Bois (49)

Jacques et Katia se sont connus dans un bal local, le début d'une histoire que les douze coups de minuit n'auront pas essoufflée, bien au contraire ! Katia, fille d'agriculteurs, rejoint Jacques sur l'exploitation familiale de Saint-Hilaire-du-Bois, et tous deux se marient en 1983. C'est après les naissances d'Élodie, Célise et Flavien que l'heureuse maman décide de suivre son mari dans l'aventure agricole. Le meilleur moyen pour ce couple d'amoureux de prendre le taureau par les cornes et de proposer un service complet, de l'élevage à la vente directe.

L'amour
est dans les prés des Pays de la Loire

Un horizon bleu se perd dans les collines et les doux reliefs en bordure de cours d'eau : bienvenue dans les Pays de la Loire ! Région de l'ouest de la France, à la croisée des influences bretonnes, ligériennes et poitevines, elle regroupe les départements de la Loire-Atlantique, de Maine-et-Loire, de la Mayenne, de la Sarthe et de la Vendée.
Une région connue sur le plan agricole pour ses productions animales, dont une bonne partie est consacrée à l'élevage bovin. Les Pays de la Loire sont la 1re région productrice de viande bovine et la 2nde pour le lait, les porcs et les volailles. Par ailleurs, elle s'affiche résolument comme région de la qualité : plus de 40 % de la production nationale de volailles label (Loué, Challans, Ancenis….) sont produits dans la région qui offre en outre une grande variété de labels (100 labels pour les viandes bovine, porcine, ovine, les fromages, le sel de Guérande).

Les bords de Loire

SUR L'EXPLOITATION AVEC JACQUES

Jacques est la quatrième génération des Andrault à s'établir sur le site de La Louettière, situé sur la commune de Saint-Hilaire-du-Bois. Une exploitation aussi vaste qu'ancienne, qui s'étale sur près de 104 hectares et 6.000 mètres carrés de bâtiments.
Cet ancien footballeur s'y installe après avoir obtenu son brevet de technicien agricole et avoir suivi les formations nécessaires pour reprendre la production familiale. Et c'est un troupeau de taille : une centaine de vaches allaitantes (qui élèvent leur veau), une cinquantaine de taurillons, et plus d'une centaine de génisses, portées par la race star de la région : la célèbre Charolaise. Tous les animaux évoluent dans les champs de pâturage et dans les différentes étables, se nourrissant d'herbe, de maïs et des céréales produites sur place. Jacques perpétue ainsi une tradition régionale : l'engraissage de ses animaux.

Jacques est le principal acteur de la vie qui s'organise à la ferme, dans laquelle Katia intervient également à plein temps. Car si 40 % de la production s'écoule via les producteurs régionaux, et 30 % par l'intermédiaire du marché de Cholet, c'est 30 % de la viande qui vont être commercialisés grâce à la vente directe dont Katia est la spécialiste !
Le couple a su tirer partie de leur magnifique terrain pour créer leur propre magasin : ils y proposent leur viande de bœuf du terroir du Lys (appellation contrôlée) ainsi que différentes spécialités : civet de bœuf, rillettes, et toutes sortes de conserves et de plats cuisinés...

Légende des photos :
1. Bienvenue à La Louettière
2. L'exploitation du couple
3. La célèbre charolaise !

1

2

3

LA VIANDE DE BŒUF

Comment la choisir ?

Le bœuf de bonne qualité a la chair d'un rouge brun très vif, et non d'un rouge jaunâtre ou d'un brun presque noir. La graisse doit être abondante et d'une belle nuance jaune clair.

Quelle pièce pour quelle recette ?

Toutes les pièces du bœuf ne conviennent pas également aux différents mets que l'on peut préparer avec la chair de cet animal. Ainsi les morceaux que l'on emploie pour le pot-au-feu et le bœuf à la mode ne sauraient convenir aux rôtis et biftecks. Il est donc essentiel d'apprendre à les distinguer.

• Pour le pot-au-feu, on emploie la culotte, connue aussi sous le nom de bout-de-queue ; la tranche, la tranche au petit os, appelée nache dans quelques localités ; le gîte à la noix ; puis l'épaule et le talon du collier, mais ces morceaux sont moins succulents que les précédents. Il en faut un plus grand poids pour faire du bouillon. On peut faire un bon pot-au-feu avec les côtes.

• Pour les rôtis, on emploie le filet, l'aloyau et les côtes couvertes.
L'aloyau, ou rosbif, se compose de deux espèces de chair séparées par des os : de filet et de faux-filet vulgairement appelé clerc.

• Pour le bœuf à la mode, on emploie la tranche, la tranche au petit os, le gîte à la noix et le talon du collier. Ce dernier morceau est moins sec que les précédents et peut leur être préféré parfois.

• Les entrecôtes se font avec la chair des côtes dont on ôte les os, les nerfs et la peau.

• Les biftecks se font avec du filet que l'on coupe transversalement aux fibres de la viande, en tranches plus ou moins épaisses.
Les grillades se font rarement avec du filet qui est une viande fort chère, mais avec d'autres parties tendres : le faux-filet, ou la noix qui est un morceau qui se trouve en dessous de la cuisse et qui est aussi plus tendre que les autres.

• Le jarret du bœuf, comme celui du veau, sert à faire des jus et des consommés ; mais il faut y joindre d'autres viandes, car la chair est bien moins succulente que celle des autres parties.

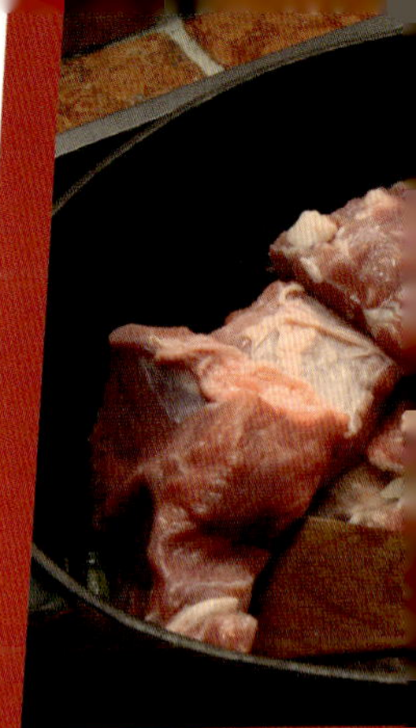

LES MEILLEURES RECETTES DE KATIA

INGRÉDIENTS
POUR
4 PERSONNES

- 1 kg de poitrine de veau désossée
- 2 l de bouillon de volaille
- 150 g de jambon à l'os
- 6 champignons de Paris
- 1 cuillerée à soupe de crème épaisse
- 1 tranche de pain de mie
- 1 oignon
- 1 gousse d'ail
- 1 cuillerée à soupe de noisettes
- Quelques brins de persil plat
- 1 œuf
- 1 noix de beurre
- Sel et poivre

POITRINE DE VEAU FARCIE POUR LES DIMANCHES DE FÊTE

Préparation : **15 min** | Cuisson : **2 h** | Difficulté :

1. Demandez à votre boucher de faire une incision dans la poitrine de veau pour former une sorte de grande poche à garnir. Assaisonnez l'intérieur de la poitrine de veau de sel et de poivre.

2. Préparez la farce. Pour cela, coupez le jambon en petits dés et mélangez-les dans un grand saladier avec la crème épaisse, la mie de pain émiettée, l'œuf, l'oignon et la gousse d'ail finement hachés, les champignons émincés et sautés à la poêle avec un peu de beurre, le persil haché et les noisettes grossièrement concassées. Malaxez longuement cette farce pour bien mélanger les ingrédients, assaisonnez de sel et de poivre puis garnissez la poche de veau avec cette préparation en tassant légèrement.

3. Avec une ficelle et une aiguille, faites quelques points de couture pour bien fermer la poche et éviter que la farce ne s'échappe. Plongez la poitrine de veau farcie dans le bouillon de volaille laissez à découvert et cuisez une heure à petits frémissements. Laissez-la refroidir dans le bouillon et coupez de belles tranches.

4. Une variante de cette recette propose de cuire la poitrine de veau farcie au four, environ deux heures à 180 °C, après avoir ajouté des oignons et du vin blanc dans le plat. Arrosez tout au long de la cuisson.

CONSEIL EN VIN :
CHÂTEAU BEYCHEVELLE 2004 SAINT-JULIEN ROUGE

INGRÉDIENTS
POUR
4 PERSONNES

- 1 kg d'épaule de veau
- 500 g de tendrons de veau
- 1 noix de beurre
- 2 oignons
- 1 carotte
- 300 g de champignons de Paris
- 1 cuillerée à soupe de farine
- 1 pincée de muscade
- 20 cl de crème fleurette
- Sel et poivre

LA BLANQUETTE DE VEAU

Préparation : **30 min** | Cuisson : **2 h** | Difficulté : ✱

1. Dans une cocotte en fonte, faites fondre le beurre pour faire revenir les oignons coupés en dés. Ajoutez la viande, l'épaule coupée en cubes et les tendrons en plus gros morceaux, selon le dessin du cartilage.

2. Quand la viande est bien colorée, incorporez la carotte taillée en rondelles et les champignons. Versez de l'eau pour bien recouvrir toute la viande, assaisonnez de sel, de poivre et de muscade puis laissez mijoter à feu doux pendant une heure ou deux. La blanquette qui mijote longuement n'en est que meilleure !

3. Dix minutes avant de servir, prélevez une louche du bouillon de cuisson, délayez la farine et la crème fleurette puis incorporez le tout dans la casserole. Servez la blanquette avec du riz blanc ou des pommes de terre cuites à la vapeur. Pour varier les délices, vous pouvez remplacer la noix de muscade par une gousse de vanille ou quelques zestes de citron.

• LE CONSEIL DE BERNARD MAGRET, SPÉCIALISTE DU VIN •

Château Lynch Bages 2004, la puissance du Cabernet Sauvignon s'allie très bien avec le crémeux de la sauce

BŒUF EN CROÛTE DES GRANDS JOURS

Préparation : **20 min** | Cuisson : **30 min** | Difficulté : ✻ ✻ ✻

1. Assaisonnez le filet de bœuf de sel et de poivre et faites-le saisir dans une cocotte avec l'huile d'arachide, une minute sur chaque face. En fait, il faut le retourner quatre fois d'un quart de tour pour bien le colorer uniformément. Laissez-le reposer et refroidir.

2. Étalez la pâte feuilletée puis déposez dessus le filet de bœuf froid. Enveloppez-le, scellez les bords en les pinçant et placez le bœuf en croûte sur une plaque recouverte de papier sulfurisé. Battez le jaune d'œuf avec une cuillerée à café d'eau puis badigeonnez-en toute la surface de la pâte.

3. Enfournez le bœuf en croûte 15 minutes à 220 °C et 10 minutes à 180 °C. Pendant ce temps, préparez la sauce en faisant fondre le beurre dans une petite casserole, saupoudrez de farine et remuez bien. Versez le bouillon de volaille sans cesser de remuer et laissez cuire quelques minutes tout en incorporant l'ail et le persil hachés.

4. Au sortir du four, taillez le bœuf en croûte en belles tranches et servez-les avec la sauce persillade.

INGRÉDIENTS
POUR 4 PERSONNES

- 1 filet de bœuf de 800 g environ
- 300 g de pâte feuilletée
- 1 jaune d'œuf
- 50 g de beurre
- 1 cuillerée à soupe de farine
- 30 cl de bouillon de volaille
- 2 gousses d'ail
- Quelques brins de persil plat
- Un filet d'huile d'arachide
- Sel et poivre

PAUPIETTES DE VEAU À LA FAÇON DE TANTE SUZETTE

Préparation : **30 min** | Cuisson : **15 min** | Difficulté : ✻ ✻ ✻

1. Tante Suzette sait tout faire : les terrines, les saucisses de gibier… et ses fameuses paupiettes qui aiguisent l'appétit rien qu'en en parlant. Elle les confectionne quand la cueillette des champignons a été fructueuse.

2. Dans un saladier, mélangez la chair à saucisses avec les mousserons et les trompettes-de-la-mort saisis quelques instants à la poêle. Ajoutez la ciboulette finement ciselée et le jaune d'œuf. Mélangez longuement et assaisonnez de muscade, de sel et de poivre. Disposez les tranches de veau entre deux feuilles de papier sulfurisé puis aplatissez-les avec un rouleau à pâtisserie pour obtenir des tranches très fines.

3. Déposez un peu de farce au centre de chaque escalope puis roulez-les pour former des paupiettes. Attachez-les avec de la ficelle à rôti. Faites saisir les paupiettes sur toutes les faces dans une cocotte avec le beurre et l'huile d'arachide, incorporez les lamelles de cèpes et versez le jus de veau. Laissez mijoter une quinzaine de minutes avant de savourer les yeux fermés.

CONSEIL EN VIN : CHÂTEAU GRAND PUY LACOSTE PAUILLAC 2004 ROUGE

INGRÉDIENTS
POUR 4 PERSONNES

- 4 tranches de veau minces
- 200 g de chair à saucisse
- 1 verre de jus de veau
- 50 g de trompettes-de-la-mort
- 50 g de mousserons
- 1 petit bouquet de ciboulette
- 1 pincée de muscade
- 2 cèpes
- 1 jaune d'œuf
- 1 noix de beurre
- 1 filet d'huile d'arachide
- Sel et poivre

TOURNEDOS DE BŒUF AU POIVRE VERT

Préparation : **10 min** | Cuisson : **10 min** | Difficulté : ✳

1. Sortez les tournedos du réfrigérateur au moins une heure avant de les cuire, la viande n'en sera que plus juteuse et savoureuse. Pendant ce temps, préparez la sauce.

2. Dans une petite casserole avec la moitié du beurre et l'huile, faites suer les échalotes taillées en petits dés et les grains de poivre légèrement écrasés. Versez le verre d'armagnac et laissez mijoter à feu vif pendant une minute. Ajoutez le fond de veau puis la crème et laissez la sauce mijoter quelques minutes pour qu'elle prenne du corps.

3. Faites saisir les tournedos avec le reste du beurre et de l'huile d'arachide, une minute de chaque côté pour une viande bleue, un peu plus si les tournedos sont très épais ou si vous préférez la viande plus cuite.

INGRÉDIENTS

POUR
4 PERSONNES

- 4 tournedos
- 30 g de grains de poivre vert au naturel
- 3 échalotes
- 1 verre d'armagnac
- 2 cuillerées à soupe de fond de veau
- 100 g de crème fraîche épaisse
- 1 noix de beurre
- 1 filet d'huile d'arachide

INGRÉDIENTS

POUR
4 PERSONNES

- 800 g de viande de boeuf dans le rumsteak ou la poire
- 2 oignons frais
- 1 échalote
- 6 cornichons bien croquants
- 1 cuillerée à soupe de câpres
- 4 jaunes d'œufs
- 1 cuillerée à soupe de moutarde forte
- Un bon filet d'huile d'arachide
- Quelques brins de persil plat, d'estragon et de ciboulette
- Fleur de sel
- Poivre du moulin

TARTARE DE BŒUF AU COUTEAU

Préparation : **25 min** | Difficulté : ✳✳

1. Hachez au couteau les cornichons, les oignons, l'échalote, les câpres et les herbes aromatiques. Disposez ces ingrédients dans un saladier avec les jaunes d'œufs, la moutarde, du sel, du poivre et l'huile d'arachide. Mélangez bien et réservez le temps de préparer la viande.

2. Taillez la viande de bœuf en petits cubes. Pour cela, commencez par couper des tranches d'un demi-centimètre, puis des lanières et enfin des cubes. Mélangez longuement les cubes de viande avec la marinade, pour bien mêler tous les ingrédients.

3. Goûtez pour rectifier l'assaisonnement en fleur de sel et poivre du moulin puis servez aussitôt avec une bonne salade… et quelques frites.

CONSEIL EN VIN : CHÂTEAU GRAND PUY LACOSTE PAUILLAC 2004 ROUGE

INGRÉDIENTS
POUR
6 PERSONNES

- 1,5 kg de collier de bœuf

Pour la marinade

- 1l. de vin rouge
- 1 cuillerée à café de moutarde
- 1 cuillerée à soupe de vinaigre
- 3 grains de poivre
- 1 oignon piqué de 3 clous de girofle
- 1 carotte
- 2 blancs de poireaux
- 2 pincées de mélange quatre-épices
- 1 noix de beurre
- Un filet d'huile d'arachide
- Sel et poivre

CIVET DE BŒUF

Préparation : **20 min** (hors temps de marinade)

Cuisson : **3 h** | Difficulté : ✱✱

1. Katia apprécie particulièrement le mélange Quatre-épices composé de poivre, de muscade, de clou de girofle et de gingembre (à ne pas confondre avec le mélange asiatique cinq-épices qui, lui, réunit de l'anis étoilé, du poivre du Sichuan, du fenouil, du clou de girofle et de la cannelle).

2. Faites mariner la viande coupée en gros cubes dans le vin rouge dans lequel vous aurez dilué la moutarde et le vinaigre. Ajoutez les grains de poivre écrasés avec le plat d'un couteau de cuisine, le mélange quatre-épices, les blancs de poireaux taillés en tronçons, la carotte coupée en rondelles et l'oignon piqué de clous de girofle. Couvrez et réservez au frais au moins deux jours. Égouttez les morceaux de viande et séchez-les sur du papier absorbant.

3. Dans une marmite, faites colorer les morceaux de bœuf avec le beurre et l'huile d'arachide, puis versez la marinade. Assaisonnez de sel et de poivre puis laissez mijoter trois bonnes heures pour savourer une viande confite à souhait.

• LE CONSEIL DE BERNARD MAGRET, SPÉCIALISTE DU VIN •

Château les Grands Chênes 2006,
la puissance d'un vin jeune avec ce plat mijoté

BŒUF BOURGUIGNON

Préparation : **20 min** (hors temps de marinade)

Cuisson : **2 h** | Difficulté : ✻

1. La veille, coupez la viande en gros cubes et faites-la mariner dans le vin rouge avec les carottes coupées en rondelles, les gousses d'ail hachées, les oignons grelots épluchés, la branche de céleri émincée, les grains de poivre écrasés, le bouquet garni et la poitrine fraîche coupée en lardons. Laissez mariner toute une nuit au réfrigérateur.

2. Le jour même, égouttez les morceaux de viande et faites-les colorer dans une cocotte avec l'huile d'arachide. Saupoudrez-les de farine et ajoutez ensuite les légumes et la marinade. Laissez mijoter deux petites heures à couvert et à feu doux.

3. Émincez les champignons et faites-les sauter rapidement dans une poêle avec le beurre. Ajoutez-les à la viande et poursuivez la cuisson un bon quart d'heure. Accompagnez le bœuf bourguignon de pâtes fraîches ou de pommes de terre vapeur.

INGRÉDIENTS
POUR
4 PERSONNES

- 2 kg de bourguignon (dans la macreuse et le paleron)
- 250 g de poitrine fraîche
- 2 cuillerées à soupe de farine
- 1 bouteille de vin rouge corsé
- 3 carottes
- 1 petite branche de céleri
- Une vingtaine d'oignons grelots
- Une dizaine de champignons de Paris
- 1 bouquet garni
- 1 cuillerée à café de poivres mélangés
- 2 gousses d'ail
- 1 noix de beurre
- Un filet d'huile d'arachide

BŒUF MIROTON

Préparation : **15 min** | Cuisson : **1h15** | Difficulté : ✻

1. C'est en général le lendemain du pot-au-feu que le bœuf miroton (ou mironton, les deux noms sont utilisés, cela dépend des régions) mijotent joyeusement dans la marmite. Dans une cocotte, avec le beurre, faites colorer les morceaux de paleron de bœuf taillés en gros cubes.

2. Ajoutez ensuite les oignons coupés assez gros et le concentré de tomate. Remuez longuement et saupoudrez de farine. Versez le vin blanc et le bouillon de pot-au-feu et laissez mijoter une heure à feu doux en goûtant à mi-cuisson pour rectifier l'assaisonnement.

3. Émincez les champignons et faites-les sauter dans une poêle avec le beurre. Incorporez-les à la viande. Parsemez de persil plat ciselé juste avant de servir.

CONSEIL EN VIN : CHÂTEAU PÉRENNE 2005 PREMIÈRES CÔTES DE BLAYE ROUGE

INGRÉDIENTS
POUR
4 PERSONNES

- 1 kg de reste de pot-au-feu (du paleron essentiellement)
- 1 l de bouillon de pot-au-feu
- 3 gros oignons jaunes
- Une dizaine de champignons de Paris
- 1 cuillerée à soupe de farine
- 1 cuillerée à soupe de concentré de tomate
- 1 verre de vin blanc
- Quelques brins de persil plat
- 1 noix de beurre

TÊTE DE VEAU ET SA FAMEUSE SAUCE GRIBICHE

Préparation : **20 min** | Cuisson : **2h30** | Difficulté : ✻ ✻

INGRÉDIENTS
POUR
6 PERSONNES

- 1 tête de veau désossée, roulée et ficelée
- 1 carotte
- 1 verre de vinaigre blanc
- 1 bouquet garni
- 1 cuillerée à soupe de grains de poivre

Pour la sauce gribiche

- 50 g de cornichons
- 30 g de câpres
- 2 œufs durs
- 4 brins de persil
- 1 cuillerée à café de moutarde forte
- 6 cuillerées à soupe d'huile d'arachide
- 2 cuillerées à soupe de vinaigre de xérès
- Sel et poivre

1. Disposez la tête de veau ficelée dans une grande casserole, recouvrez avec beaucoup d'eau, incorporez le bouquet garni, la carotte, les grains de poivre et le vinaigre blanc puis laissez mijoter deux heures et demie à feu moyen.

2. Égouttez ensuite la tête de veau et taillez-la en tranches fines. Servez-la avec des pommes de terre vapeur sauce gribiche. Pour la préparer, mélangez la moutarde et le vinaigre dans un bol, assaisonnez de sel et de poivre et versez l'huile en fin filet tout en fouettant énergiquement pour monter une mayonnaise.

3. Quand la mayonnaise est prise, c'est-à-dire quand la consistance est assez onctueuse, incorporez les jaunes d'œufs hachés, les cornichons, les câpres, le persil et les blancs d'œufs hachés.

CÔTE DE BŒUF GRILLÉE SAUCE DES VIGNES

Préparation : **10 min** | Cuisson : **20 min** | Difficulté : ✻

INGRÉDIENTS
POUR
4 PERSONNES

- 2 belles côtes de bœuf
- 1 noix de beurre
- 30 cl de vin rouge du Beaujolais
- 1 oignon
- 3 échalotes
- 1 poignée de cassis
- Sel et poivre

1. Sortez les côtes de bœuf du réfrigérateur au moins une heure avant de les cuire. Dans une petite casserole, faites fondre le beurre et ajoutez l'oignon et les échalotes émincés, en les remuant régulièrement.

2. Quand oignons et échalotes sont compotées comme une confiture, versez le vin rouge et laissez mijoter pour que le liquide réduise de moitié et que la sauce prenne du corps. Ajoutez alors les cassis, poivrez généreusement, salez aussi et laissez encore frémir quelques minutes, le temps de faire cuire les côtes de bœuf, à la braise ou dans une poêle, de les couper en épais tronçons et de les napper de cette sauce au vin acidulée.

CONSEIL EN VIN : CHÂTEAU GUERRY 2005 CÔTES DE BOURG ROUGE

5730
5730

INGRÉDIENTS
POUR
4 PERSONNES

- 800 g de joue de bœuf
- 2 carottes
- 1 blanc de poireau
- 1 oignon piqué de 2clous de girofle
- 1 cuillérée de mélange quatre-épices

Pour la sauce madère

- 1 cuillerée à soupe de farine,
- 1 noix de beurre
- 15 cl de crème fraîche liquide
- 1 verre de madère
- Sel et poivre

LA JOUE DE BŒUF SAUCE MADÈRE

Préparation : **10 min** | Cuisson : **2 h** | Difficulté : ✱

1. Taillez la viande en gros cubes et plongez-la dans de l'eau légèrement salée avec les carottes coupées en rondelles, le blanc de poireau émincé et l'oignon piqué de clous de girofle.

2. Ajoutez du poivre et du mélange quatre épices, un mélange d'épices moulues *(voir recette du civet de bœuf)*. Elles sont particulièrement indiquées pour les civets, ragoûts et autres recettes de viandes mijotées, comme on le faisait au Moyen Âge. Laissez mijoter les joues dans leur bouillon pendant une heure quarante-cinq.

3. Faites fondre le beurre dans une casserole et ajoutez la farine. Délayez avec deux louches du bouillon de la viande puis incorporez le madère et la crème liquide. Versez cette préparation dans la casserole où mijote la viande, goûtez pour rectifier l'assaisonement, puis poursuivez la cuisson quinze minutes.

• LE CONSEIL DE BERNARD MAGRET, SPÉCIALISTE DU VIN •

Un vin de Toro, capiteux et fringant comme Temperancia 2005 sera parfait.

INGRÉDIENTS

POUR
4 PERSONNES

- 600 g de rond de gîte
- 1 oignon
- 10 cl d'huile d'olive
- Quelques gouttes de vinaigre balsamique
- 1 citron
- 1 cuillerée à soupe de câpres
- Sel

LE CARPACCIO DE BŒUF SELON KATIA

Préparation : **25 min** | Difficulté : ✱✱

1. Hachez très finement l'oignon (quand c'est la saison, préférez des petits oignons frais) puis disposez-les dans un bol avec l'huile d'olive, du sel, le jus du citron et les câpres finement hachées.

2. Laissez infuser cette marinade au moins une heure. Réservez la viande au congélateur une trentaine de minutes pour la couper plus facilement à la trancheuse électrique. Vous pouvez également demander à votre boucher de tailler le carpaccio en précisant que vous souhaitez du rond de gîte, une viande très goûteuse, au coût beaucoup plus raisonnable que le filet de bœuf.

3. Étalez une fine couche de marinade dans quatre assiettes, disposez les tranches de viande puis recouvrez à nouveau de marinade. Laissez les carpaccios au moins une quinzaine de minutes au frais avant de les servir avec quelques gouttes de vinaigre balsamique. Vous pouvez aussi l'agrémenter de copeaux de parmesan, de roquette ou de tomates cerises confites au four avec un peu d'huile d'olive.

• LE CONSEIL DE BERNARD MAGRET, SPÉCIALISTE DU VIN •

Domaine Tranquillité rosé 2007, un rosé pâle et aérien, plein de fruits et de nervosité pour accompagner ce plat d'été.

FILET DE BŒUF FICELLE

Préparation : **15 min** | Cuisson : **2 h** | Difficulté : ✱

1. Dans une grande casserole, faites bouillir le bouillon de volaille, incorporez les carottes coupées en rondelles, l'oignon piqué des clous de girofle, les quatre têtes des oignons frais, le chou romanesco coupé en petits bouquets et les haricots verts. Laissez mijoter une quinzaine de minutes.

2. Il y a deux façons de proposer le bœuf ficelle. On peut ficeler le filet de boeuf comme une sorte de rôti, le plonger entier dans le bouillon une dizaine de minutes puis le découper pour le servir aux convives. Il existe aussi une version plus conviviale...

3. ...pour cela, il faut disposer la casserole sur un réchaud au centre de la table, comme pour une fondue, et présenter le filet de bœuf en gros cubes ficelés, que chaque convive plonge dans le bouillon, à son goût. Les légumes et un bol de bouillon sont servis à part avec une vinaigrette bien relevée.

INGRÉDIENTS
POUR
4 PERSONNES

- 800 g de filet de bœuf
- 2 carottes
- 4 oignons frais
- 1 chou romanesco
- 1 poignée de haricots verts
- 1 gros oignon piqué de 2 clous de girofle
- 2 l de bouillon de volaille

PAIN DE VEAU À LA MOUTARDE

Préparation : **20 min** | Cuisson : **40 min** | Difficulté : ✱✱

INGRÉDIENTS
POUR
4 PERSONNES

- 300 g de restes de rôti de veau
- 3 œufs
- 1 cuillerée à soupe de moutarde forte de Dijon
- 1 cuillerée à soupe de moutarde à l'ancienne
- 100 g de crème fraîche épaisse
- 100 g de gruyère râpé
- 100 g de farine
- 1 sachet de levure
- Un filet d'huile d'olive
- Sel et poivre

1. L'art d'accomoder les restes, c'est de faire des merveilles avec l'excédent du plat de la veille qui était déjà un délice ! Hachez la moitié du veau et coupez l'autre moitié en lanières fines. Mettez le tout dans un saladier, ajoutez la crème fraîche et les moutardes tout en mélangeant énergiquement les ingrédients. Incorporez les œufs, la farine, le gruyère râpé, la levure et l'huile d'olive. Mélangez en fouettant pour rendre le mélange homogène et bien aéré.

2. Goûtez et rectifiez l'assaisonnement en sel et en poivre. Chemisez un moule à cake de papier sulfurisé puis versez la préparation. Enfournez-la une quarantaine de minutes à 180 °C. Laissez refroidir avant de découper pour éviter que le pain de veau ne s'effrite et servez-le avec une salade et des crudités.

CONSEIL EN VIN : CHÂTEAU PICHON LONGUEVILLE
COMTESSE DE LALANDE PAUILLAC ROUGE

LA DÉCOUPE DE LA VACHE

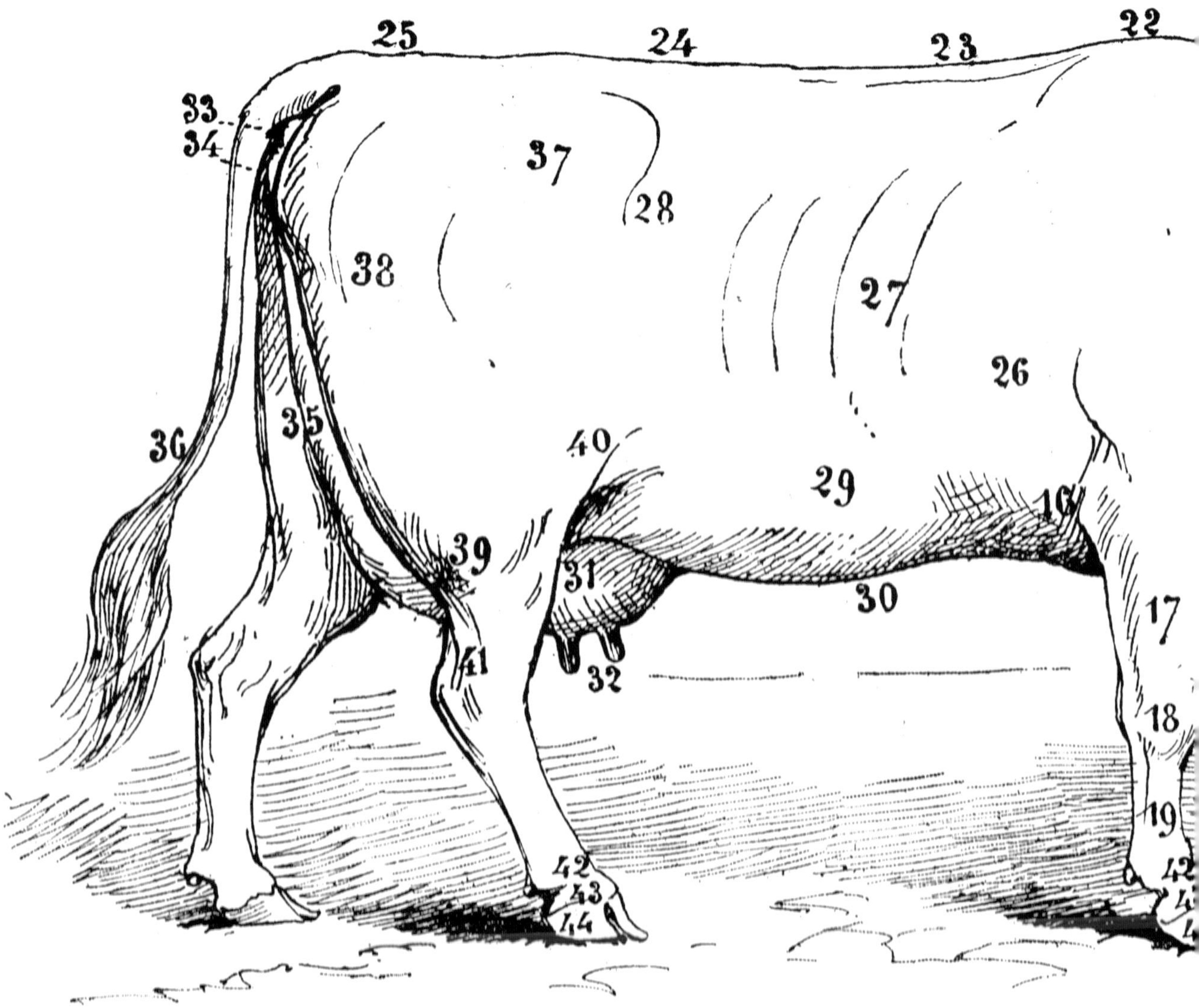

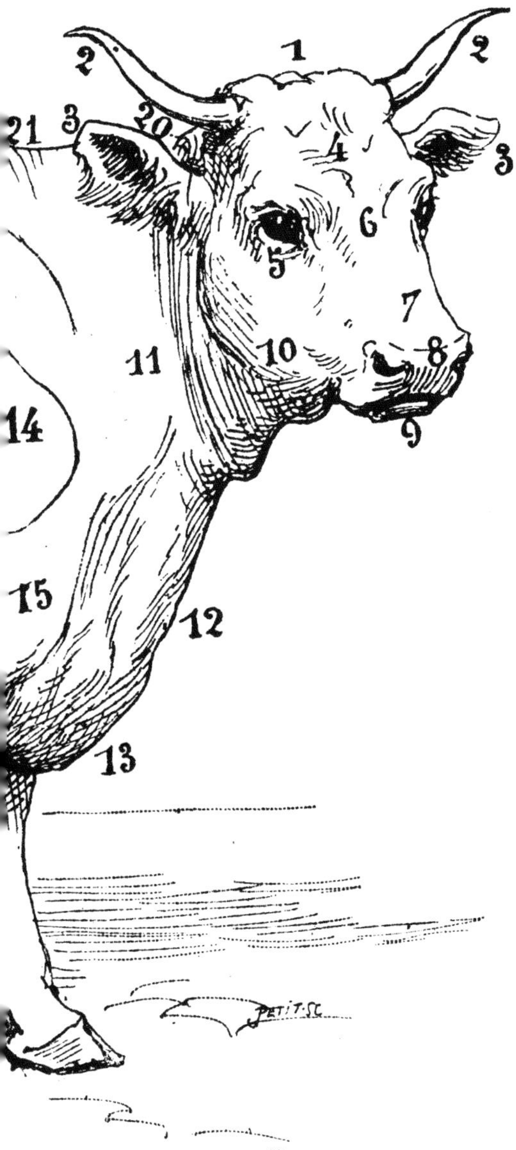

NOMENCLATURE ZOOTOMIQUE

1 La tête.
2 Les cornes.
3 Les oreilles.
4 Le front.
5 Les yeux.
6 La face ou chanfrein.
7 Le mufle.
8 Les naseaux avec le miroir.
9 La bouche et les lèvres.
10 La ganache.
11 Le cou.
12 Le fanon.
13 Le poitrail.
14 L'épaule.
15 L'articulation de l'épaule.
16 Le coude.
17 L'avant-bras.
18 Le genou ou rotule de devant.
19 La jambe ou canon de devant.
20 La nuque.
21 Le chignon.
22 Le garrot.
23 Le dos.
24 Les reins.
25 La croupe.
26 Le thorax ou poitrine.
27 Les côtes.
28 Le flanc.
29 Le ventre.
30 Le nombril et la jauge en avant.
31 Le pis.
32 Les trayons.
33 L'anus.
34 La vulve.
35 Le périnée entre la vulve et le pis.
36 La queue.
37 La hanche.
38 La fesse.
39 La cuisse.
40 La rotule de derrière.
41 Le jarret.
42 Le boulet.
43 Le paturon.
44 Le sabot.

LA CAMPAGNE SUR UN PLATEAU !

PÂTÉ DE GUEUX AUX PRUNEAUX AVEC DES RESTES DE RÔTI DE VEAU

Préparation : **15 min**	Cuisson : **30 min**	Difficulté : ✱

1. Faites chauffer le porto et, hors du feu, plongez les pruneaux dénoyautés pour les faire gonfler. Hachez avec une grille fine la moitié de la viande et effilochez le reste pour obtenir des morceaux plus épais. Dans un poêle, faites fondre le beurre puis incorporez les oignons émincés et l'ail haché. Dès que les oignons sont translucides, versez le contenu de la poêle dans un saladier. Incorporez la chapelure, les œufs préalablement battus en omelette, la crème épaisse, du sel et du poivre. Ajoutez délicatement la viande, les pruneaux entiers ou coupés en morceaux et le porto. Malaxez bien cette farce pour qu'elle soit homogène.

2. Beurrez une terrine en porcelaine, versez la farce, tassez-la légèrement et enfournez une trentaine de minutes à 180 °C, à couvert si vous voulez que le pâté reste pâle sinon à découvert pour obtenir une belle croûte. Dans les campagnes, les pâtés de gueux – injustement baptisés si l'on considère leurs goûts délicieux et leurs présentations raffinées - sont ceux qu'on prépare avec des restes de viandes

INGRÉDIENTS
POUR
4 PERSONNES

- 500 g de restes de rôti de veau, de porc ou de poulet
- 2 oignons
- 1 gousse d'ail
- 250 g de crème fraîche épaisse
- 2 œufs
- 1 poignée de chapelure
- 6 pruneaux
- 1 verre de porto
- Sel et poivre

RILLETTES EXPRESS DE LAPIN AUX NOISETTES

Préparation : **15 min**	Difficulté : ✱

1. Faites tiédir les cuisses de lapin puis effilochez-les avec les doigts pour détacher des filaments de viande. Cette étape est essentielle, il ne faut surtout pas hacher la viande de lapin au couteau et encore moins au mixeur, pour obtenir une belle texture de rillettes. Dans une poêle, faites fondre deux minutes l'échalote coupée en petits dés, ajoutez les noisettes grossièrement concassées et mélangez le tout au lapin effiloché.

2. Incorporez le fromage blanc quand le mélange est bien froid, assaisonnez de fleur de sel et de poivre puis mettez les rillettes dans un joli pot. À conserver au moins une nuit au réfrigérateur avant de les tartiner sur du bon pain.

INGRÉDIENTS
POUR
4 PERSONNES

- 2 cuisses de lapin déjà cuites (en gibelotte par exemple)
- 1 échalote
- Un filet d'huile de noisette
- 1 cuillerée à soupe de noisettes
- 100 g de fromage blanc
- 1 pincée de fleur de sel
- 1 pincée de grains de poivre grossièrement concassés

CONFIT AUX TROIS OIGNONS ET AUX ÉPICES

Préparation : **10 min**	Cuisson : **25 min**	Difficulté : ✱

1. Avec une mandoline, taillez les oignons épluchés en fines lamelles. Versez l'huile d'olive dans une sauteuse. Ajoutez les lamelles d'oignons, le miel et l'étoile de badiane. Avec le plat de la lame d'un couteau éminceur, écrasez légèrement les graines de coriandre, de cardamome et de poivre.

2. Incorporez-les dans la sauteuse, couvrez et laissez confire à feu doux vingt-cinq minutes, en remuant de temps en temps. Le confit est prêt quand les oignons sont translucides. Répartissez le confit d'oignons dans des pots hermétiques et réservez dans le cellier ou au frais. Servez le confit en accompagnement d'une terrine, d'un pâté, de rillettes…

CONSEIL EN VIN : DOMAINE DES SONGES ROUGE 2005 BERGERAC

INGRÉDIENTS
POUR
UN POT DE 500 G

- 2 oignons violets
- 2 oignons blancs
- 2 oignons jaunes
- 1 pincée de coriandre en grains
- 1 étoile de badiane
- 1 graine de cardamome
- 1 pincée de poivre blanc en grains
- 1 cuillerée à soupe de miel
- Un filet d'huile d'olive

Deux recettes pour les dernières tomates vertes du potager, celles que l'on cueille vers la fin du mois de septembre...

INGRÉDIENTS
POUR
6 POTS DE 250 G

- 2 kg de tomates vertes bien fermes
- 600 g de sucre
- 1 gousse de vanille

... AVEC LES PLUS GROS FRUITS

CONFITURE DE TOMATES VERTES

Préparation : **30 min** | Cuisson : **20 min** | Difficulté : ✱

1. Lavez les tomates à l'eau fraîche, retirez le pédoncule, taillez-les d'abord en lamelles puis en petits cubes. Mettez-les dans une bassine, recouvrez-les de sucre et laissez macérer toute une nuit au réfrigérateur.

2. Le lendemain, mélangez cette préparation (le sucre a tendance à rester au fond) et versez-la dans une bassine en cuivre (c'est vraiment la casserole idéale pour faire cuire la confiture, car la chaleur est uniforme). Avec un couteau, ouvrez la gousse de vanille dans le sens de la longueur, grattez tous les petits grains avec la pointe du couteau et incorporez les demi-gousses et les grains de vanille dans la bassine avec les dés de tomates.

3. Portez à ébullition et laissez mijoter à feu doux une vingtaine de minutes. Le truc pour savoir si cette confiture de tomates vertes est parfaitement cuite est de repérer le moment où les dés de tomates sont translucides. La confiture de tomates vertes se marie bien avec les fromages (chèvre frais, tomme de brebis, roquefort...) et avec les terrines, surtout de gibier.

La confiture se conserve tout l'hiver dans un endroit sec à l'abri de la lumière.

... ET AVEC DES TOMATES CERISES, PAR EXEMPLE

TOMATES VERTES VINAIGRÉES

Préparation : **10 min**	Macération : **1 mois**	Difficulté : ✱

1. Faites bouillir un bocal à caoutchouc pendant une quinzaine de minutes dans une casserole d'eau bouillante pour le stériliser. Plongez les tomates cerises (sans les tiges) dans une autre casserole d'eau bouillante pendant deux minutes, puis égouttez-les et rafraîchissez-les sous un filet d'eau froide.

2. Disposez les tomates cerises dans le bocal en les tassant un peu. Dans une petite casserole, faites chauffer le vinaigre avec 10 cl d'eau, les graines de coriandre, la branche de céleri coupée en fines lamelles et les grains de poivre blanc. Versez le tout sur les tomates cerises (le liquide doit arriver au bord), fermez le bocal et retournez-le.

3. Conservez le bocal au sec et à l'abri de la lumière au moins un mois avant de déguster ces tomates cerises qui feront concurrence aux cornichons.

INGRÉDIENTS
POUR
1 GRAND POT D'1L

- 500 g de tomates cerises vertes
- 50 cl de vinaigre blanc
- 1 cuillerée à café de sel fin
- 1 pincée de graines de coriandre
- 1 branche de céleri
- 1 pincée de grains de poivre blanc

INGRÉDIENTS
POUR
4 PERSONNES

- 3 tomates mûres
- 1 cuillerée à café de concentré de tomates
- Un filet d'huile d'olive
- Un filet de vinaigre balsamique
- 1 oignon
- 1 gousse d'ail
- 1 cuillerée à café rase de sucre
- 1 cuillerée à soupe d'olives noires
- 1 cuillerée à café de câpres
- 1 brin de thym

LA TAPENADE DE TOMATE

Préparation : **25 min**	Cuisson : **15 min**	Difficulté : ✱✱

1. Épluchez les tomates, coupez-les en quatre, retirez les pépins et taillez la chair en petits dés. Dans une poêle, faites chauffer un filet d'huile d'olive, ajoutez l'oignon et l'ail finement hachés et faites-les confire une minute en les remuant.

2. Incorporez la concassée de tomates, le sucre, et laissez cuire avec le thym, du sel et du poivre pendant une dizaine de minutes. Enfin, ajoutez le concentré de tomate, les olives et les câpres hachées, remuez et versez le vinaigre balsamique. Conservez la tapenade dans un joli pot avec couvercle, au réfrigérateur.

3. Tartinez la tapenade de tomate sur des petits toasts grillés.

La tapenade se conserve quelques jours au réfrigérateur, dans un pot avec un couvercle.

CONSEIL EN VIN : JAMAIS RENONCER CÔTES DU ROUSSILLON 2005

cocorico !!!!!

LA POULE AUX ŒUFS D'OR ! !

Murielle & Julie

Éleveuses de volailles au Fousseret (31)

Murielle et José se rencontrent à Toulouse en 1979. Le coup de foudre est immédiat ! Est-ce l'accent chantant du jeune homme qui aura séduit la Valenciennes en premier ou est-ce elle qui aura su faire vibrer le cœur du Toulousain ? C'est un peu la question de la poule ou de l'œuf !
Ils s'installent sur la commune du Fousseret en 1997, avec la ferme intention d'y démarrer un élevage de volailles, et c'est leur fille Julie née en 1982 qui, depuis, veille au grain ! Mère et fille se partagent les tâches sur cette belle exploitation…

Les vignes de Midi Pyrénées

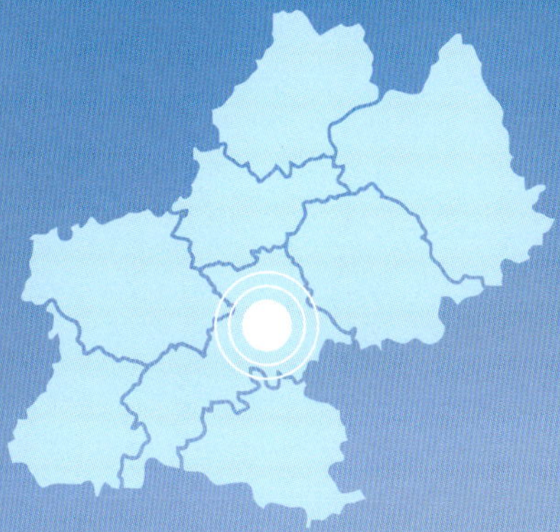

L'amour
est dans les prés de Midi-Pyrénées

La plus vaste région de France s'étend sur près de 45000 km², couvrant ainsi une bonne partie du sud-ouest : avec comme point culminant la charmante ville de Toulouse, c'est la région Midi Pyrénées ! Elle regroupe les départements de l'Ariège, l'Aveyron, la Haute-Garonne, les Hautes-Pyrénées, le Gers, le Lot, le Tarn et le Tarn-et-Garonne ! Second pôle agricole français, la région est une terre de traditions et de gastronomie. L'élevage des bovins, celui des ovins et les grandes cultures sont les trois principales activités agricoles en Midi-Pyrénées. La région offre donc une gamme très diversifiée de productions agricoles : volailles grasses, vigne... qui ont fait sa renommée. La région capitalise 1,4 millions de bovins destinés à la production laitière ou à celle de viande et abrite également la moitié des brebis laitières de France (700 000 têtes). Sa vie culturelle débordante, ses paysages magiques, et ses quelques trois cents jours de soleil par an en font un espace de vie privilégié.

SUR L'EXPLOITATION AVEC JULIE

Murielle et Julie sont les deux piliers de cette exploitation où près de 1500 volailles vivent au milieu de la verdure. 12 hectares à quelques dizaines de kilomètres de Toulouse, dans la commune du Fousseret, et c'est toute la basse-cour qui y est représentée : poulets, canards, pintades, coqs, poules, cailles, mais aussi… lapins !

Toute la famille s'installe dans la commune en 1997, et c'est au début des années 2000 que l'activité se met pleinement en place. La famille transforme progressivement cette ancienne exploitation agricole (spécialisée dans les vaches à viandes) en repère pour gallinacés. Ne conservant que la grange d'origine, ils reconstruisent brique à brique l'ensemble de l'exploitation.
Julie qui s'était dans un premier temps orientée vers des études de médecine revient aux origines avec un BTS agricole. Approchant l'exploitation dans sa diversité technique, elle prend en charge l'ensemble de la logistique : de l'alimentation des volailles en passant par le suivi des stocks et la culture de la matière première nécessaire à l'alimentation des bêtes.
Murielle en profite pour se consacrer pleinement à ses talents de cuisinière ! Après que la Chambre de l'Agriculture a fait découvrir à la famille la possibilité de développer sur l'exploitation un lieu d'échange et de proximité, la ferme-auberge de Ménimé s'ouvre en 2001. Murielle va y proposer une carte composée essentiellement des produits de l'élevage et régaler les habitués du coin tout comme les gourmets de passage…

Légende des photos :
1. Dans la basse-cour
2. Douze hectares pour gambader
3. Nourrie au grain
4. Les pintades

LA VOLAILLE

Comment la choisir ?

Avant tout, il faut qu'une volaille soit tendre. C'est une erreur qu'on ne saurait trop combattre de croire que les vieilles volailles sont préférables pour certains mets. Même pour les daubes, mieux vaut de jeunes bêtes.
La recherche des jeunes volailles réclame quelque attention, surtout à la fin de la saison allant du 1er décembre au 1er mai. C'est en septembre que la volaille est la meilleure ; elle est plus succulente et moins chère. Elle se soutient jusqu'en février, puis elle devient rouge, dure, et le choix est plus difficile. Prenez de préférence les volailles à la chair rebondie, à la peau fine et blanche.

Que trouve t-on dans la basse-cour ?

On entend par volailles tous les animaux à ailes qu'on élève dans une basse-cour, comme les poulets, les canards, les dindons, les oies, les pigeons, les pintades ; en cuisine, souvent, ce sont les poulets, les poules, les poulardes et les chapons que l'on comprend sous cette dénomination.

• Les poulardes sont de jeunes poules arrivées au terme de leur croissance et soigneusement engraissées avant d'avoir commencé à pondre.

• Les chapons sont de jeunes poulets châtrés et soigneusement engraissés. Il ne faut pas les prendre, surtout pour rôtir, quand ils ont plus de huit mois.

• On désigne sous le nom de poule les femelles qui ont commencé à pondre.

• On appelle poulets de grain les poulets qui n'ont pas été enfermés pour être engraissés. Leur blancheur et leur graisse sont des signes de bonne qualité.

• Les poulets appelés poulets à la reine sont des poulets qui ont été enfermés pour être engraissés avant d'avoir atteint la fin de leur croissance. Ils sont moins gros que les poulets de grain mais plus blancs et plus délicats.

Comment connaître l'âge d'une volaille ?

Pour l'âge, examinez attentivement les pattes. Les jeunes poulets ont toujours les pattes et les genoux très gros, en vieillissant la grosseur des pattes et des genoux diminue. Evitez les poulets maigres, décharnés et à la graisse jaune. Pour les mâles, il y a un indice d'âge facile à saisir. L'ongle qu'on appelle ergot ou éperon ne doit présenter que l'aspect d'un bouton grisâtre. S'il est développé, l'animal n'est plus tout jeune !

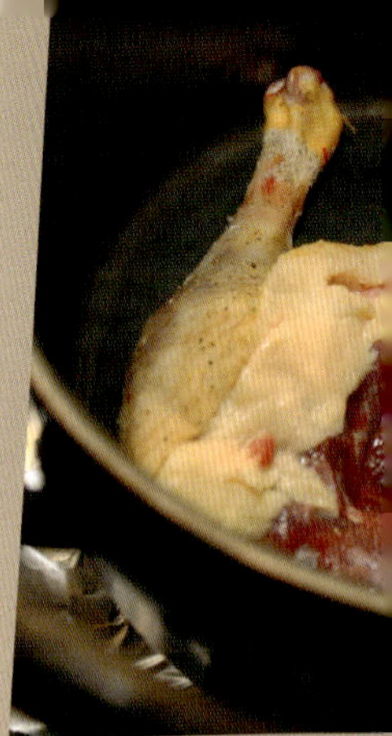

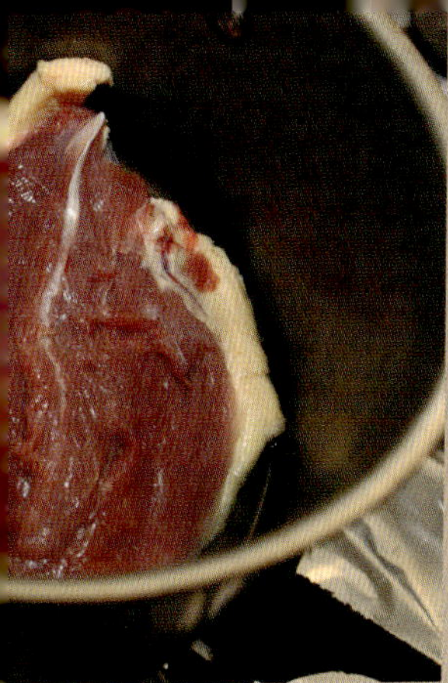
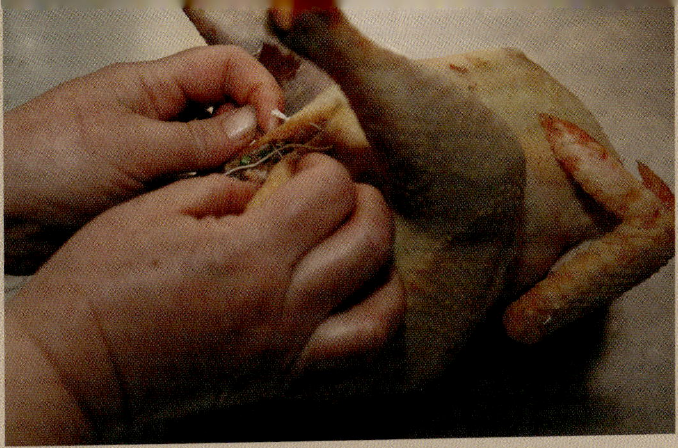

LES MEILLEURES RECETTES DE MURIELLE

INGRÉDIENTS

POUR
4 PERSONNES

- 4 cuisses de canard confites
- Une belle poignée de pistaches
- 3 échalotes
- Une tasse de jus de viande
- 6 grosses pommes de terre
- 1 noix de beurre
- Une tasse de lait
- Sel et poivre

PARMENTIER DE CANARD AUX PISTACHES

Préparation : **15 min** | Cuisson : **25 min** | Difficulté : ✲ ✲

1. Commencez par préparer la purée. Épluchez les pommes de terre, coupez-les en quatre et faites-les cuire dans de l'eau salée pendant une trentaine de minutes. Égouttez-les et passez-les au presse-purée. Incorporez le beurre et le lait.

2. Dans une sauteuse, faites chauffer les cuisses de canard. Puis retirez-les et désossez-les en effilochant la viande. Pendant ce temps, dans la graisse du confit de canard, faites suer les échalotes finement ciselées. Incorporez le jus de viande, les pistaches et enfin la viande de canard. Mélangez bien et goûtez pour rectifier l'assaisonnement en sel et en poivre.

3. Étalez une couche de viande de canard dans le fond d'un plat à gratin ou dans des petits ramequins individuels. Recouvrez la viande d'une couche de purée. Enfournez le plat une vingtaine de minutes à 180 °C. Servez le parmentier de canard avec une bonne salade de pissenlit.

CONSEIL EN VIN : CHÂTEAU PLAISANCE CUVÉE ALIX
PREMIÈRE CÔTE DE BORDEAUX 2005 ROUGE

POULET AU VINAIGRE

Préparation : **15 min** | Cuisson : **1 h** | Difficulté : ✱✱

1. À l'instar du coq au vin qui se mitonne avec un très bon vin rouge, cette recette de poulet ne prend tout son sens que si vous choisissez un très bon vinaigre de vin rouge, bien mature. Dans une cocotte avec un filet d'huile d'arachide, faites revenir sur toutes les faces le poulet coupé en morceaux.

2. Retirez les morceaux de la casserole et réservez-les sur une assiette. Dans la même graisse, faites suer les échalotes ciselées, l'ail haché et les oignons verts émincés. Incorporez le concentré de tomate et remuez jusqu'à légère coloration. Versez le vinaigre de vin rouge pour déglacer, sans oublier de gratter le fond de la casserole pour décoller les sucs de cuisson. Incorporez la Maïzena délayée dans un peu d'eau froide et laissez mijoter quelques minutes pour obtenir une sauce épaisse. Remettez les morceaux de poulet dans la casserole, versez le bouillon de volaille et laissez mijoter trente-cinq minutes à feu très doux.

3. Poursuivez la cuisson dix minutes. Incorporez la crème et goûtez la sauce pour rectifier l'assaisonnement. Le poulet au vinaigre se marie aussi bien avec des macaronis en gratin qu'avec des pommes de terre vapeur.

CONSEIL EN VIN : CHÂTEAU TALBOT ST JULIEN 2004 ROUGE

INGRÉDIENTS
POUR
4 PERSONNES

- 1 poulet fermier
- 25 cl de vinaigre de vin rouge
- 5 gousses d'ail
- 3 échalotes
- 2 oignons verts
- 1 l. de bouillon de volaille
- 25 cl de crème fraîche liquide
- 1 cuillerée à soupe de concentré de tomate
- 1 cuillerée à soupe de Maïzena
- Un filet d'huile d'arachide

INGRÉDIENTS
POUR
4 PERSONNES

- 1 pintade
- 2 belles tranches de pain
- 1 tasse de lait
- 3 échalotes
- 2 gousses d'ail
- 2 cuillerées à soupe de pignons de pin
- 200 g de jambon cru
- 2 feuilles de sauge
- 1 œuf
- Un filet d'huile d'arachide
- Une douzaine de belles figues violettes
- Sel et poivre

PINTADE FARCIE AUX FIGUES RÔTIES

Préparation : **20 min** | Cuisson : **1 h** | Difficulté : ✱✱✱

1. Dans une poêle, faites suer les échalotes ciselées avec l'ail haché, le jambon émincé en lamelles et les pignons, juste le temps de rendre brillantes les échalotes et de faire rendre le jambon cru. Dans un saladier, mélangez ces ingrédients avec les abats de la pintade hachés (foie, cœur et gésiers), le pain trempé dans le lait puis réduit en petits morceaux, l'œuf, les feuilles de sauge ciselées, du sel et du poivre. Malaxez bien cette préparation pour la rendre homogène. Mélangez le tout et assaisonnez. Salez et poivrez l'intérieur de la pintade et garnissez-la avec la farce.

2. Recousez la pintade de quelques points pour éviter que la farce ne s'échappe pendant la cuisson. Déposez la pintade sur la plaque allant au four, arrosez-la d'huile d'arachide et enfournez-la quarante-cinq minutes à 180 °C en l'arrosant très régulièrement avec le jus rendu.

3. Déposez les figues, juste incisées en deux, autour de la pintade et prolongez la cuisson de quinze minutes. Après avoir découpé la pintade, servez-la à table sur la plaque du four pour que chaque convive puisse saucer le jus de pintade mêlé à celui des figues.

INGRÉDIENTS
POUR 4 PERSONNES

- 1 poule de 1,5 kg environ
- 1 oignon piqué de 3 clous de girofle
- 4 blancs de poireau
- 2 carottes
- 4 petites pommes de terre
- 4 petits navets ronds

Pour la farce

- 3 échalotes
- 450 g de chair à saucisse
- 2 tranches de pain sec
- 1 verre de lait
- Quelques brins de persil plat
- 1 œuf
- un filet d'huile d'arachide

Pour la sauce

- 20 g de beurre
- 50 gr de farine
- 120 g de champignons de Paris
- 4 cornichons
- Un filet d'huile d'arachide

LA POULE AU POT

Préparation : **35 min** | Cuisson : **1 h 30** | Difficulté : ❋❋

1. Commencez par faire sauter les échalotes hachées, dans une poêle avec un peu d'huile d'arachide. Dans un saladier, mélangez la chair à saucisse, les échalotes fondues, le pain trempé dans le lait puis réduit en petits morceaux, le persil ciselé bien fin, les abats de la poule hachés, l'œuf, du sel et du poivre. Malaxez bien tous les ingrédients pour que la farce soit homogène.

2. Garnissez la poule avec cette farce puis faites quelques points pour obstruer ses orifices et éviter que la farce ne s'échappe pendant la cuisson. Disposez la poule farcie dans une grande marmite puis recouvrez-la d'eau. Salez, poivrez et incorporez les blancs de poireaux ficelés, les navets épluchés, les carottes épluchées et coupées en tronçons, ainsi que l'oignon clouté de girofle. Laissez mijoter une heure avant d'ajouter les pommes de terre et laissez encore cuire une petite demi-heure. Pendant ce temps, préparez la sauce qui accompagnera à merveille la poule au pot et sa garniture.

3. Dans une petite casserole, faites fondre le beurre, ajoutez la farine et versez deux louches du bouillon de cuisson de la poule au pot. Laissez mijoter une vingtaine de minute à feu doux. Émincez les champignons, faites-les sauter dans une poêle avec un peu de beurre, puis ajoutez-les. Hors du feu, quand la sauce est épaisse, ajoutez les cornichons coupés en lamelles.

4. Dressez la poule au pot coupée en morceaux avec les légumes autour, partagez la farce entre les convives et servez un bol de bouillon de poule à chacun.

INGRÉDIENTS
POUR
4 PERSONNES

- 1 l. de bouillon de poule
- 2 cuillerées à soupe de vermicelle

BOUILLON DE POULE VERMICELLE

Préparation : **2 min** | Cuisson : **10 min** | Difficulté : ✱

1. Comme le dit Murielle, les anciens connaissaient les bienfaits d'un bon bouillon de poule avec un peu de vermicelle. Le principe est de faire chauffer le bouillon de poule et d'y faire cuire les vermicelles pendant une dizaine de minutes.

2. Les variantes sont nombreuses : il est possible d'ajouter un jus de citron, quelques herbes ciselées, des croûtons, du fromage râpé ou même un verre de vin rouge pour faire chabrot.

• LE CONSEIL DE BERNARD MAGRET, SPÉCIALISTE DU VIN •

Le Château Haut Marbuzet 2004 riche et finement boisé sera un mariage des plus heureux avec le bouillon de poule.

INGRÉDIENTS
POUR
4 PERSONNES

- 2 gésiers de canard confits
- 4 cœurs de canard confits
- 150 g de magret fumé
- Une poignée de fritons
- 1 belle batavia

Pour la vinaigrette

- 2 cuillerées à soupe de moutarde forte
- 3 cuillerées à soupe de vinaigre de vin
- 1 pincée de sel
- 25 cl d'huile d'arachide
- Sel et poivre

LA SALADE DU VOLVESTRE

Préparation : **10 min** | Cuisson : **5 min** | Difficulté : ✳

1. Vous pouvez confectionner des fritons en coupant de la peau de canard en petits morceaux et en les faisant frire dans un peu de graisse de canard. Coupez les gésiers et les cœurs de canard en lamelles, faites-les sauter quelques minutes dans une poêle avec un filet d'huile d'arachide, du sel et du poivre.

2. Dans un saladier, mélangez la moutarde et le vinaigre, assaisonnez de sel et de poivre puis versez le reste d'huile en fin filet tout en continuant de battre énergiquement avec une fourchette. Ajoutez la salade et mélangez. Incorporez les gésiers et les cœurs encore chauds, le magret coupé en lamelles, et dégustez aussitôt.

3. Vous pouvez également ajouter des morceaux de tomme ou de comté, des cerneaux de noix et des croûtons grillés : la salade se transforme ainsi en plat complet.

• LE CONSEIL DE BERNARD MAGRET, SPÉCIALISTE DU VIN •

Pour cette salade, un rosé est parfait comme un Prélat rosé 2004.

POULET EN CROÛTE DE SEL DE GUÉRANDE

Préparation : **10 min** | Cuisson : **90 min** | Difficulté : *

INGRÉDIENTS
POUR
4 PERSONNES

- 1 beau poulet
- 1 kg de gros sel
- Quelques brins de sarriette
- 300 g de farine
- Sel et poivre

1. Dans un saladier, mélangez le gros sel et la farine avec un petit verre d'eau. Assaisonnez le poulet de sel et de poivre, introduisez quelques brins de sarriette à l'intérieur puis disposez le poulet dans un plat à gratin. Recouvrez entièrement le poulet de la pâte de sel, il est essentiel que la coque de cuisson soit hermétique.

2. Enfournez le poulet à 180 °C pendant une heure et demie. Apportez le plat sur la table et cassez la coque de sel avec un marteau : il ne faudrait pas priver vos invités du merveilleux fumet qui s'en échappera. Le poulet sera parfaitement moelleux avec ce type de cuisson.

COQ AU VIN

Préparation : **25 min** | Cuisson : **1 h 30** | Difficulté : * *

INGRÉDIENTS
POUR
6 PERSONNES

- 1 beau coq avec ses abats
- 2 bouteilles de très bon vin (un gevrey-chambertin ou un châteauneuf-du-pape)
- 250 g de lardons nature
- 300 g de petits champignons de Paris
- 1 vingtaine d'oignons grelots
- 1 cuillerée à soupe de farine
- 1 oignon piqué de 2 clous de girofle
- 1 carotte
- 3 gousses d'ail
- 1 cuillerée à café de grains de poivre noirs
- Quelques brins de thym
- 1 feuille de laurier
- 2 filets d'huile d'arachide
- 1 noix de beurre
- Sel

1. La veille, disposez dans un saladier le coq en morceaux, l'oignon piqué de clous de girofle, la carotte coupée en petits dés, les oignons grelots pelés, le thym, la feuille de laurier, un filet d'huile d'arachide, les grains de poivre écrasés avec le plat d'une lame de couteau, les gousses d'ail juste pelées et versez le vin rouge. Il est essentiel de choisir un très bon vin pour que le fumet du coq au vin soit aussi délicat et aromatique que le bon cru.

2. Réservez le coq dans sa marinade pendant au moins toute une nuit au frais. Puis égouttez les morceaux de coq et séchez-les sur du papier absorbant. Dans une grande cocotte, avec la moitié du beurre et un peu d'huile d'olive, faites colorer les morceaux de coq, ajoutez les lardons et les oignons grelots égouttés.

3. Quand tous les ingrédients adoptent une belle coloration, saupoudrez de farine et remuez pendant une minute. Versez la marinade, salez et laissez mijoter pendant une heure quinze à feu doux. Pendant ce temps, faites sauter les champignons de Paris entiers dans une poêle avec le reste de beurre. Versez les champignons dans la cocotte et poursuivez la cuisson quinze minutes.

4. Si vous souhaitez donner une note plus rustique à votre coq au vin, hachez les abats très finement et incorporez-les à la sauce avec les champignons.

CONSEIL EN VIN : CHÂTEAU MEYNEY SAINT-ESTÈPHE 2003 ROUGE

INGRÉDIENTS
POUR
4 PERSONNES

- 1 canard maigre entier
- 3 belles oranges
- 1 cuillerée à soupe de fécule de pommes de terre
- 1 oignon
- 1 feuille de laurier
- Quelques brins de thym
- Un filet d'huile d'arachide
- Sel et poivre

CANARD À L'ORANGE

Préparation : **15 min** | Cuisson : **1 h** | Difficulté : ✱

1. Pour cette recette, il faut choisir un canard maigre. Ce n'est pas un canard rachitique mais un canard qui n'a pas été élevé pour son foie gras, celui-ci étant appelé canard gras. Le canard maigre est élevé pour ses chairs. Dans une grande cocotte avec l'huile d'arachide, faites dorer sur toutes les faces le canard découpé en morceaux. Retirez-les ensuite de la casserole puis faites suer l'oignon coupé en fines lamelles. Remettez les morceaux de canard, du sel, du poivre, la feuille de laurier, le thym, le jus d'une orange et recouvrez d'eau.

2. Faites mijoter pendant une vingtaine de minutes avant d'ajouter le jus de la deuxième orange. Laissez mijoter une quinzaine de minutes. Diluez la fécule dans un peu d'eau froide puis incorporez-la dans le bouillon de cuisson du canard.

3. Déposez la troisième orange non pelée, lavée et découpée en lamelles, et laissez cuire encore un quart d'heure.

• LE CONSEIL DE BERNARD MAGRET, SPÉCIALISTE DU VIN •

Le Château Gruaud Larose 2003, rond et moelleux s'harmonise au sucré de la sauce à l'orange.

DINDE AUX CHÂTAIGNES

Préparation : **15 min**	Cuisson : **1 h**	Difficulté : ✻✻

1. Préparez la farce : dans un saladier, mélangez la viande de porc, le gras de veau, les abats de dinde hachés, le pain trempé dans le lait, égoutté puis réduit en morceaux, les échalotes et le persil hachés. Ajoutez un tiers des châtaignes et les œufs entiers. Malaxez pour bien mêler tous les ingrédients.

2. Farcissez la dinde avec cette préparation puis recousez de quelques points les orifices de la volaille. Disposez la dinde dans un grand plat et arrosez-la d'huile d'arachide. Enfournez à 180 °C (il faut compter un quart d'heure par livre pour calculer parfaitement le temps de cuisson) en n'oubliant pas de l'arroser régulièrement. Un quart d'heure avant la fin de la cuisson, déposez les châtaignes dans le jus de viande.

INGRÉDIENTS
POUR
8 PERSONNES

- 1 dinde bien dodue avec ses abats
- 1 kg de châtaignes cuites au naturel
- 200 g de viande de porc hachée
- 100 g de gras de veau haché
- 2 tranches de mie de pain
- 1 verre de lait
- 1 petit bouquet de persil
- 2 échalotes
- 2 œufs
- Un filet d'huile d'arachide

INGRÉDIENTS
POUR
4 PERSONNES

- 800 g de cuisses de dinde coupées en osso buco
- Le zeste d'une orange
- 1 verre de vin blanc
- 1 oignon
- 2 gousses d'ail
- 1 carotte
- 1 petite branche de céleri
- 3 tomates
- 1 petit bouquet de persil
- Le zeste d'un citron
- 100 g de parmesan
- Un filet d'huile d'olive

OSSO BUCO DE DINDE

Préparation : **15 min**	Cuisson : **45 min**	Difficulté : ✻

1. Dans une cocotte en fonte avec l'huile d'olive, faites colorer les morceaux de dinde coupés façon osso buco par votre volailler. Ajoutez la carotte et la branche de céleri coupées en petits dés, l'oignon et l'ail hachés. Pelez les tomates, épépinez-les et coupez-les en cubes avant de les incorporer dans la cocotte. Ajoutez le zeste d'orange émincé en fines lanières puis assaisonnez de sel et de poivre. Arrosez de vin blanc et enfournez trois-quarts d'heure.

2. Mixez grossièrement le parmesan avec le persil et le zeste de citron. Ce condiment appelé *gremolata*, est la touche finale indispensable pour déguster ce plat italien, préparé à l'origine avec du jarret de veau. Servez l'osso buco de dinde avec des macaronis ou des pennes.

CONSEIL EN VIN : CHÂTEAU LÉOVILLE POYFERRÉ 2002 ROUGE

OMELETTE PAYSANNE

Préparation : **10 min**	Cuisson : **30 min**	Difficulté : ✻

1. Épluchez les pommes de terre, coupez-les en épaisses rondelles et faites-les cuire dans une grande poêle ou une sauteuse avec du beurre et de l'huile d'arachide. Remuez les pommes de terre pour les colorer uniformément et les cuire parfaitement.

2. Quand elles sont fondantes, ajoutez le lard coupé en cubes, l'oignon en lamelles et la gousse d'ail hachés. Cassez les œufs dans un saladier, assaisonnez-les de sel et de poivre puis battez-les longuement avec une fourchette. Ajoutez le persil finement ciselé. Versez les œufs sur les pommes de terre et cuisez l'omelette suivant votre goût.

INGRÉDIENTS
POUR
4 PERSONNES

- 8 œufs
- 2 belles pommes de terre
- 1 oignon
- 1 gousse d'ail
- 1 morceau de lard maigre
- Quelques brins de persil plat
- 1 noisette de beurre
- Un filet d'huile d'arachide
- Sel et poivre

INGRÉDIENTS
POUR
4 PERSONNES

- 1 beau poulet
- 2 beaux cèpes (ou 100 g de cèpes séchés)
- 6 pommes de terre
- Quelques brins de thym
- Un filet d'huile d'olive
- 30 cl de bouillon de poule
- Sel et poivre

POULET RÔTI AUX CÈPES À LA MANIÈRE DE MURIELLE

Préparation : **10 min** | Cuisson : **45 min** | Difficulté : ✱

1. Le véritable secret d'un bon poulet rôti réside dans le choix de la volaille : il ne faut pas lésiner sur la qualité, le choisir « élevé en plein air », nourri aux céréales et abattu à maturité (à partir de quatre mois). Rien ne vaut le poulet fermier ! Taillez un cèpe en lamelles. Si vous utilisez des lamelles de cèpes séchés, réhydratez-les quelques minutes dans de l'eau bien chaude.

2. Glissez la pointe d'un couteau d'office entre la peau et la chair du poulet au niveau de la base du cou et à la base des cuisses pour glisser les lamelles de cèpes sur les filets et la chair des cuisses. En cuisant, les cèpes vont délicieusement parfumer la chair du poulet. Épluchez les pommes de terre et coupez-les en épaisses lamelles que vous disposerez dans un plat à gratin. Déposez le poulet ficelé et assaisonné de sel et de poivre. Arrosez généreusement le tout d'huile d'olive et parsemez de thym.

3. Enfournez pendant cinquante minutes à 200 °C en prenant soin d'arroser le poulet tous les quarts d'heure, avec le bouillon de volaille au début, puis avec le jus du poulet. Ajoutez le reste des cèpes coupés en lamelles et prolongez la cuisson de dix minutes.

• LE CONSEIL DE BERNARD MAGRET, SPÉCIALISTE DU VIN •

Le Château Pape Clément en 2002 caractérisé par une élégance de texture et une profondeur en bouche s'alliera remarquablement avec ce poulet rôti aux cèpes.

CAILLES À LA VIGNERONNE

Préparation : **15 min** | Cuisson : **15 min** | Difficulté : ✳

1. Dans une cocotte, faites chauffer l'huile d'arachide. Ajoutez les échalotes non pelées et coupées en deux dans le sens de la longueur. Coupez le talon de jambon en petits dés et incorporez-les dans la casserole. Assaisonnez les cailles de sel et de poivre, enveloppez-les d'une feuille de vigne puis recouvrez-les d'une bande de barde.

2. Avec de la ficelle à rôti, attachez ces éléments autour des cailles. Faites-les colorer quelques minutes dans la cocotte. Versez le cognac et un verre d'eau, puis laissez cuire une dizaine de minutes avant d'incorporer le raisin égrainé. Après la reprise de l'ébullition, les cailles à la vigneronne sont prêtes à être dégustées.

CONSEIL EN VIN : CHÂTEAU LÉOVILLE POYFERRÉ 2002 ROUGE

INGRÉDIENTS
POUR
4 PERSONNES

- 4 cailles
- 4 feuilles de vignes ou de figuier
- 4 bardes de lard
- 4 échalotes
- 1 morceau de talon de jambon cru
- 1 grappe de raisins chasselas de Moissac
- 1 verre de cognac
- Un filet d'huile d'arachide

INGRÉDIENTS
POUR
4 PERSONNES

- 4 œufs
- 4 tranches de pain de campagne
- 50 cl de vin rouge corsé
- 150 g de lardons
- 2 échalotes
- 1 gousse d'ail
- 1 gros oignon
- 5 échalotes
- 1 cuillerée à soupe de farine
- 2 cuillerées à soupe de vinaigre blanc
- 1 noix de beurre

ŒUFS EN MEURETTE

Préparation : **15 min** | Cuisson : **35 min** | Difficulté : ✳ ✳ ✳

1. Commencez par hacher finement les échalotes et l'oignon. Faites-les suer dans une petite casserole, avec le beurre, en remuant pour ne pas trop les faire colorer. Ajoutez les lardons. Quand ces derniers commencent à grésiller joyeusement dans la casserole, saupoudrez le tout de farine et mélangez encore.

2. Versez le vin rouge, assaisonnez de sel et de poivre puis laissez mijoter à feu doux pendant trente minutes. Pendant ce temps, faites pocher les œufs : portez à ébullition un litre d'eau avec une cuillerée à soupe de vinaigre. Cassez les œufs un à un dans une tasse, ajoutez quelques gouttes de vinaigre et déposez-les trois minutes dans l'eau frémissante. Frottez les tranches de pain avec la gousse d'ail et faites-les griller. Retirez les oeufs avec une écumoire et déposez-les sur les tranches de pain.

3. Versez de la sauce au vin rouge, que l'on appelle meurette, dans une assiette creuse, posez une tartine de pain avec un œuf poché puis nappez de sauce. Dégustez bien chaud.

RÂBLES DE LAPIN AUX DEUX MOUTARDES

Préparation : **10 min** | Cuisson : **45 min** | Difficulté : ✳

1. Mélangez les deux moutardes dans un bol. Avec un pinceau, badigeonnez complètement les râbles de lapin. Dans une cocotte avec l'huile et le beurre, faites colorer les râbles sur toutes les faces. L'enrobage de moutarde va former une sorte de croûte.

2. Ajoutez les échalotes finement émincées, remuez bien puis versez le vin blanc et la crème fleurette. Salez un peu et laissez mijoter une trentaine de minutes à feu doux. Vous pouvez choisir une garniture classique (des pommes de terre, des pâtes fraîches ou du riz). N'hésitez pas à servir ce plat avec des navets ou avec des blancs de blettes.

INGRÉDIENTS
POUR
4 PERSONNES

- 4 râbles de lapin
- 3 cuillerées à soupe de moutarde
- 1 verre de vin blanc sec
- 2 échalotes
- 30 cl de crème fleurette
- 1 noisette de beurre
- Un filet d'huile d'arachide

CHAPON AUX MORILLES À LA CRÈME

Préparation : **20 min** | Cuisson : **3 h** | Difficulté : ✻ ✻

1. Dans une grande cocotte, portez à ébullition au moins quatre litres d'eau salée, incorporez les carottes et le céleri en petits tronçons ainsi que le bouquet garni. Plongez le chapon et laissez-le mijoter à petits frémissements pendant deux à trois heures.

2. Dans une sauteuse, faites suer les échalotes ciselées et les morilles fraîches avec le beurre. Si vous avez choisi des morilles séchées, vous devez les réhydrater un quart d'heure dans de l'eau bien chaude. Remuez bien les morilles et les échalotes pour qu'elles ne colorent pas puis versez le vin jaune, puis le bouillon de volaille. Laissez mijoter une bonne demi-heure avant d'ajouter la crème fleurette.

3. Laissez cuire encore une dizaine de minutes. Quand le chapon est cuit, découpez-le en morceaux et incorporez-les dans la crème. Servez avec un peu de riz blanc.

INGRÉDIENTS
POUR
6 PERSONNES

- 1 chapon de Bresse
- 300 g de morilles séchées ou 500 g de morilles fraîches
- 3 échalotes
- 1 l. de bouillon de volaille
- 1 verre de vin jaune (d'Arbois)
- 40 cl de crème fleurette
- 1 noix de beurre
- 1 bouquet garni
- 2 carottes
- 1 petite branche de céleri

LAPIN EN GIBELOTTE FAÇON MAMIE GILBERTE

Préparation : **25 min** | Cuisson : **1 h** | Difficulté : ✻

1. Dans une cocotte en fonte, avec la moitié du beurre et de l'huile d'arachide, faites fondre les oignons grelots pelés et les lardons. Quand ils sont joliment colorés, retirez-les de la casserole et réservez-les dans une assiette.

2. Sans ajouter de matières grasses, mettez dans la casserole les champignons nettoyés, émincés s'ils sont gros ou entiers s'ils sont petits. Faites-les bien suer jusqu'à ce qu'il n'y ait plus d'eau de végétation et qu'ils commencent eux aussi à colorer. Retirez-les de la casserole et réservez-les avec les oignons et les lardons. Ajoutez le reste du beurre et de l'huile d'arachide, déposez les morceaux de lapin assaisonnés de sel et de poivre et faites-les saisir sur toutes les faces.

3. Incorporez dans la cocotte les oignons, les lardons et les champignons. Versez l'armagnac et faites flambez. Avec une spatule, grattez le fond de la casserole pour décoller les sucs de cuisson. Saupoudrez de farine, remuez longuement puis versez le vin blanc et le bouillon de volaille. Incorporez le bouquet garni et laissez mijoter pendant trois quarts d'heure. Servez la gibelotte avec des tagliatelles fraîches ou des pommes de terre rattes cuites à la vapeur.

INGRÉDIENTS
POUR
6 PERSONNES

- 1 beau lapin coupé en morceaux
- 200 g de lardons
- Une quinzaine de petits oignons grelots
- Une dizaine de champignons de Paris
- 50 cl de vin blanc sec
- 1 verre d'armagnac
- 1 cuillerée à soupe de farine
- 1 bouquet garni
- 75 cl de bouillon de volaille
- 1 noisette de beurre
- Un filet d'huile d'arachide
- Sel et poivre

INGRÉDIENTS

POUR
UNE DIZAINE DE RAMEQUINS

- 1 l. de lait
- 6 œufs
- 130 g de sucre
- 1 sachet de sucre vanillé
- 1 cuillerée à café d'extrait de vanille

Pour le caramel

- 100 g de sucre

FLANS CARAMEL AUX BONS ŒUFS

Préparation : **10 min** | Cuisson : **45 min** | Difficulté : ✱

1. Dans une casserole, faites chauffer le lait avec le sucre vanillé et l'extrait de vanille, sans le laisser atteindre l'ébullition. Pendant ce temps, préparer le caramel : faites fondre le sucre avec 5 cl d'eau et laissez cuire jusqu'à obtention d'un caramel bien ambré.

2. Déposez un peu de caramel au fond de chaque ramequin. Incorporez les œufs entiers un à un dans le lait chaud, en battant avec un fouet.

3. Versez la préparation aux œufs dans les ramequins. Mettez de l'eau bouillante dans un grand plat allant au four et placez les ramequins dans ce bain-marie. Enfournez-les à 220 °C pendant trois-quarts d'heure. Laissez refroidir avant de déguster.

CONSEIL EN VIN : CHÂTEAU CHASSE SPLEEN 2004 ROUGE

DÉCOUPE D'UNE VOLAILLE

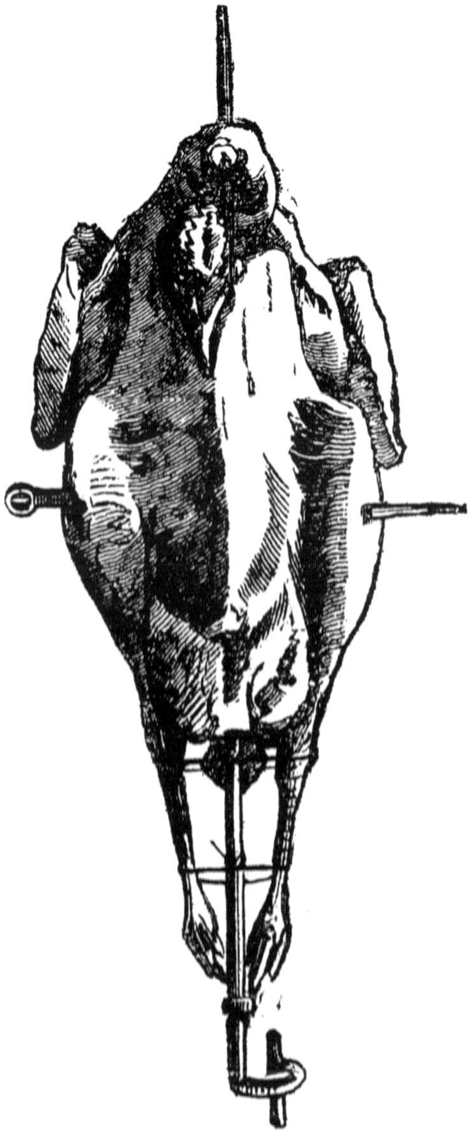

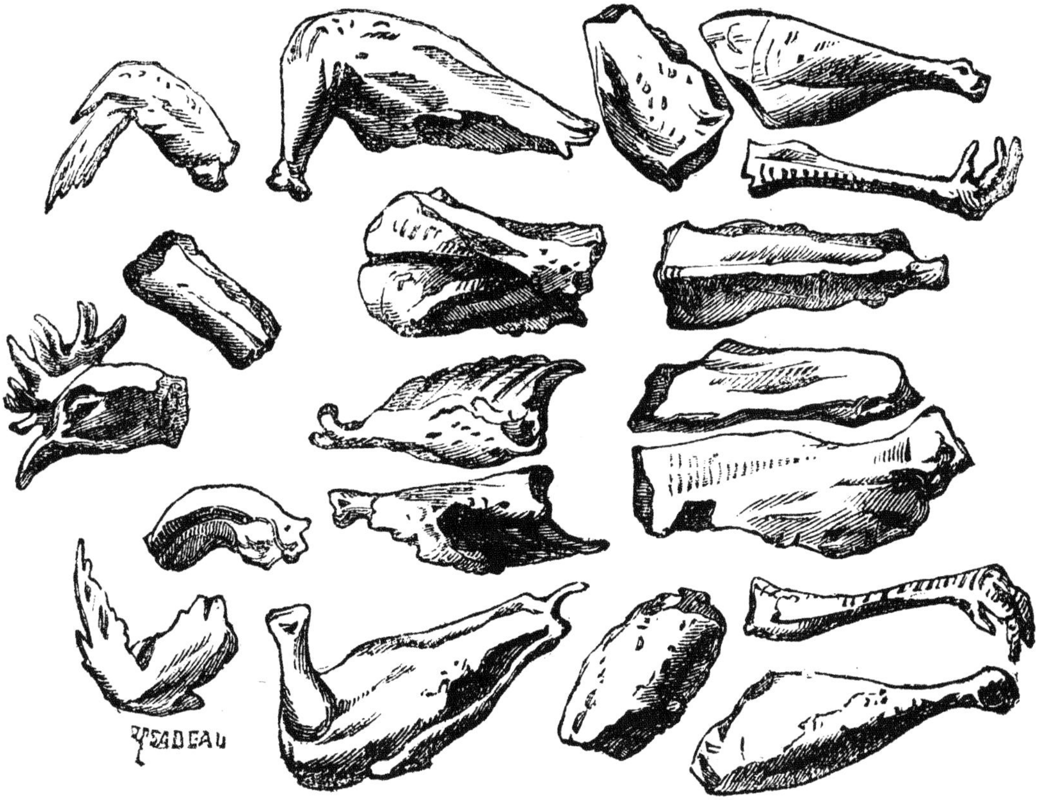

Volaille parée et découpée.

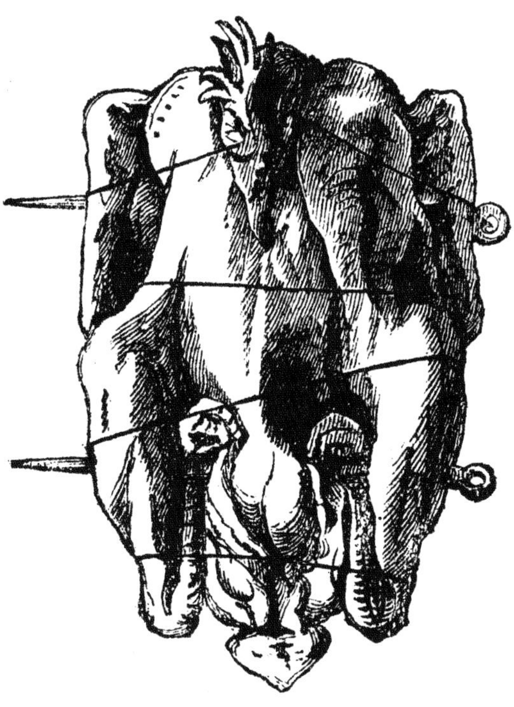

UN DIMANCHE À LA CAMPAGNE :

DÉJEUNER SUR L'HERBE…

LE POULET FROID AVEC DEUX SAUCES ORIGINALES

Préparation : **10 min**	Cuisson : **1h30**	Difficulté : ✱

1. Les plus courageux enfourneront le poulet au moment du petit déjeuner pour le déguster tiède en pique-nique. Les autres le feront rôtir la veille, l'envelopperont dans du papier sulfurisé puis dans du papier aluminium et le conserveront au réfrigérateur.

2. Le secret d'un bon poulet rôti tient à une multitude de petits détails. Tout d'abord, dans un bol, malaxez avec une fourchette le beurre un peu ramolli avec le gros sel, le poivre, le thym émietté et la feuille de laurier coupée en petits morceaux avec des ciseaux. Badigeonnez le poulet avec cette préparation, comme si vous le massiez. Déposez le poulet, sur le côté, dans un plat avec les échalotes coupées en deux et les gousses d'ail en chemise (cela signifie sans les éplucher).

3. Enfournez le poulet dans un four préalablement préchauffé à 240 °C pendant une quinzaine de minutes puis retournez le poulet pour une quinzaine de minutes sur l'autre côté. Enfin, baissez le four à 200 °C et prolongez la cuisson une heure. Pendant toutes ces étapes, il est essentiel d'arroser le poulet avec son jus toutes les dix minutes environ. Pour être sûr que le poulet est cuit, faites une petite incision avec la pointe du couteau au niveau des cuisses, si le jus coule clair sans trace de sang, c'est parfait !

INGRÉDIENTS
POUR
4 PERSONNES

- 1 beau poulet fermier
- 1 noisette de beurre
- Quelques brins de thym frais
- 1 feuille de laurier
- 1 cuillerée à café rase de gros sel
- Du poivre fraîchement moulu
- 2 échalotes
- 5 gousses d'ail

INGRÉDIENTS
POUR
LES SAUCES

- 200 g de fromage blanc
- 1 brin d'estragon
- Quelques brins de ciboulette
- 1 oignon vert
- 2 jaunes d'oeuf
- 1 cuillerée à soupe de moutarde
- 15 cl d'huile d'arachide
- 4 cornichons
- 1 cuillerée à café de câpres
- 2 filets d'anchois à l'huile
- Sel et poivre

POUR LES SAUCES

Préparation : **10 min**	Difficulté : ✱

1. Pendant la cuisson du poulet, préparez des sauces maison. Sortez les jaunes d'œuf, la moutarde, l'huile, les câpres et les anchois pour que tous ces ingrédients soient à la même température, c'est l'astuce pour que la mayonnaise ait une bonne consistance.

2. Pendant ce temps, mélangez le fromage blanc avec un peu de sel, de poivre. Ajoutez l'estragon effeuillé (les tiges sont très dures) puis haché ainsi que la ciboulette finement ciselée. Émincez l'oignon vert en très fines rondelles et incorporez-les au fromage blanc. Conservez la préparation dans un pot hermétique au réfrigérateur.

3. Dans un grand bol, avec une fourchette ou un fouet, battez les jaunes d'œuf avec la moutarde. Versez l'huile d'arachide en fin filet, par petites quantités, tout en continuant de fouetter pour obtenir une texture ferme. Hachez les cornichons, les câpres et les anchois ensemble puis incorporez-les à la mayonnaise. Goûtez et ajustez l'assaisonnement, en poivre essentiellement, car les anchois sont salés.

LA SALADE DE POMMES DE TERRE POUR LES GRANDES FAIMS

Préparation : **25 min**	Cuisson : **20 min**	Difficulté : ✱

1. Dans une casserole d'eau salée, plongez les pommes de terre épluchées et coupées en gros cubes. Laissez cuire une quinzaine de minutes. Pendant ce temps, faites cuire les haricots verts. Après les avoir équeutés, plongez-les dix minutes dans de l'eau bouillante salée puis aussi dans de l'eau glacée. Les haricots seront bien verts et croquants.

2. Dans l'eau de cuisson des haricots verts, faites cuire les œufs huit minutes : ils seront un peu plus que mollets et pas tout à fait durs, pas du tout étouffants à la dégustation. Quand les pommes de terre sont cuites, égouttez-les, disposez-les dans un saladier et arrosez-les aussitôt de vin blanc. C'est un truc pour éviter que les pommes de terre ne s'écrasent.

3. Faites une vinaigrette en mélangeant dans un bol la moutarde et le vinaigre avec une fourchette. Incorporez peu à peu l'huile tout en battant. Versez la vinaigrette sur les pommes de terre encore tièdes puis laissez refroidir.

4. Dans un grand récipient Tupperware à couvercle, versez les pommes de terre dans le fond, les olives noires, les anchois hachés, les haricots verts et l'oignon vert coupé en rondelles fines. Mélangez délicatement et déposez par-dessus les œufs épluchés mais entiers (pour ne pas les dessécher).

INGRÉDIENTS
POUR
4 PERSONNES

- 4 pommes de terre Bintje
- 1 tasse de vin blanc
- 4 œufs
- 1 poignée de haricots verts fraîchement cueillis dans le jardin
- 2 cuillerées à soupe d'olives noires dénoyautées
- 8 filets d'anchois à l'huile d'olive
- 1 oignon vert
- 1 cuillerée à soupe de moutarde
- 1 cuillerée à soupe de vinaigre de vin rouge
- 10 cl d'huile d'arachide
- Sel

LE ROQUEFORT AUX NOIX À TARTINER

Préparation : **5 min**	Difficulté : ✱

1. Laissez ramollir le beurre et le roquefort. Avec une fourchette, écrasez les deux ingrédients en les mêlant. Quand la texture est bien homogène, ajoutez les noix grossièrement hachées et poivrez légèrement.

2. Mettez cette préparation dans un petit pot et tartinez-la sur des tranches de pain de seigle. Conservez au frais.

INGRÉDIENTS
POUR
4 PERSONNES

- 150 g de roquefort
- 80 g de beurre doux
- 2 cuillerées à soupe de cerneaux de noix

LE GÂTEAU DE YAOURT AUX FRUITS DES BOIS

Préparation : **15 min** | Cuisson : **30 min** | Difficulté : ✱

1. Véritable institution dans les familles, cet inratable et simplissime gâteau utilise le pot de yaourt comme un verre mesureur pour les principaux ingrédients. Alors, n'hésitez pas à conserver la base de la recette et à apporter votre touche personnelle. Dans un saladier, versez le contenu d'un yaourt, rincez le pot et séchez-le.

2. Ajoutez deux pots de farine en mélangeant vigoureusement au fouet, deux pots de sucre, la moitié du pot d'huile de noisette, les œufs un à un et la levure chimique. Beurrez un moule à bords hauts et versez un tiers de la pâte. Parsemez de mûres et de fraises des bois, celles que le petit dernier a cueillies dans son panier pendant la balade en forêt.

3. Ajoutez un tiers de pâte, une couche de fruits des bois et recouvrez avec le reste de la pâte. Enfournez le gâteau une trentaine de minutes à 180 °C.

INGRÉDIENTS
POUR
4 PERSONNES

- 1 yaourt nature
- 2 pots de farine
- 2 pots de sucre
- 1/2 pot d'huile de noisette
- 3 oeufs
- 1 sachet de levure chimique
- 1 noisette de beurre pour le moule
- Des mûres et des fraises des bois

INGRÉDIENTS
POUR
4 PERSONNES

- 1 bouteille d'eau pétillante (du Perrier de préférence)
- 1 citron jaune non traité
- 1 cuillerée à soupe de miel liquide
- 1 bouteille de vin blanc sec
- 1 pêche jaune un peu dure
- 2 feuilles de pêcher

LA CITRONNADE MAISON ET LE VIN BLANC AUX PÊCHES

Préparation : **15 min** | Difficulté : ✱✱

1. Avec un économe, prélevez deux lamelles de zestes de citron. Pressez le citron et portez à ébullition dans une petite casserole ce jus, la même quantité d'eau, le miel et les zestes. Laissez refroidir et versez cette préparation dans la bouteille d'eau pétillante. Conservez au frais.

2. Faites une petite incision en forme de croix sur la pêche, plongez-la cinq secondes dans de l'eau bouillante. Plongez-la ensuite dans de l'eau avec des glaçons. Grâce à cette méthode, elle s'épluchera plus facilement. Coupez la pêche en une dizaine de morceaux.

3. Disposez-les dans une carafe avec les feuilles de pêcher et versez le vin blanc. Conservez au moins une nuit au frais avant de déguster ce vin aux pêches.

La citronnade et le vin blanc aux pêches doivent être consommés dans la journée.

1895

COMME UN POISSON DANS L'EAU

Catherine & François

Pisciculteurs à Saint-Pierre en Faucigny (74)

François et Catherine se marient en 1983, au cœur des Alpes. C'est quatre ans plus tôt, au milieu des sentiers enneigés de Haute-Savoie que le cœur de François a fondu pour Catherine. De cette fonte douce et tendre, ils ont rempli des lacs, qu'ils ouvrent rapidement au public pour partager leur amour de la pisciculture en 1995 : saumons, perches, brochets et truites nagent dans le bonheur. François et Catherine élèvent leurs filles, Cécile et Sophie, dans ce magnifique endroit, tout en régalant les centaines d'amateurs de pêche en plein air qui s'y bousculent.

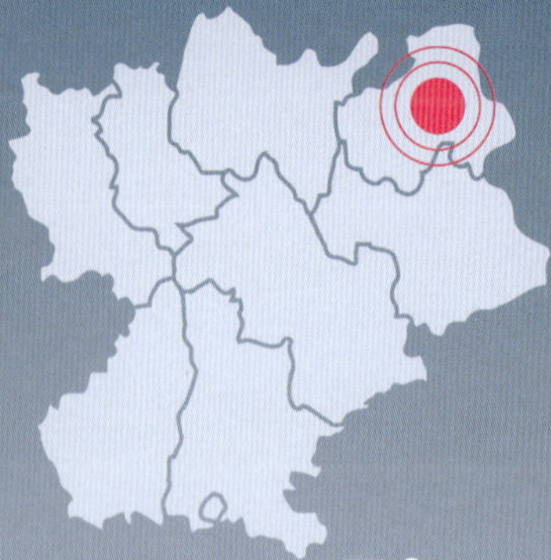

L'amour
est dans les prés de Rhône-Alpes

Les plus vastes étendues d'eau douce du pays se dévoilent dans les reliefs alpins de la deuxième plus grande région de France : bienvenue en Rhône-Alpes ! Pas moins de huit départements composent le centre-est du pays : l'Ain, l'Ardèche, la Drôme, l'Isère, la Loire, le Rhône, la Savoie et la Haute-Savoie ! Du Massif Central jusqu'aux Alpes, les écrins aquatiques se succèdent : le lac de Paladru, le lac d'Aiguebelette, mais aussi celui du Bourget, d'Annecy ou de Nantua, ou encore la partie française du lac de Léman puisque la région Rhône-Alpes est limitrophe de la Suisse et de l'Italie. Les acteurs régionaux misent sur des offres qui ont permis de valoriser les savoir-faire locaux. La production agricole est caractérisée par une grande diversité, avec un « équilibre » global entre les productions végétales (le vin et les fruits avec 17 % et 9 %) et les productions animales (le lait et la viande bovine avec 18 % et 11 %). Le Rhône-Alpes figure parmi les premières régions de production agricole, Avec 10 % de la production nationale, Rhône-Alpes est au 4ème rang pour la production de vins. C'est aussi la 2ème région française pour la production de sciages (bois).

Les lacs de Haute Savoie

SUR L'EXPLOITATION AVEC FRANÇOIS

Au cœur des stations alpines de Morzine, Avoriaz, Chamonix et Megève existe un véritable écrin de 21 hectares, où s'alternent forêts, bassins et lacs.
C'est dans ce cadre magnifique que François et Catherine ont choisi de s'installer en 1995 pour reprendre l'activité de pisciculture qui y existait depuis 1967. Sur un ancien moulin à huile datant du 18ème siècle, dans le domaine du « Bien noyé » autrefois inondé, ils vont rebâtir leur installation, et accueillir les nombreux curieux de la région.
Car leur élevage de poissons a deux objectifs, la vente directe et la pratique d'une passion : la pêche. Les amoureux de truite arc-en-ciel, d'omble chevalier, de saumon des meuniers, ou de brochet se pressent pour y pratiquer la pêche en famille, ou se lancer d'incroyables défis.

L'Arve, prenant sa source à Chamonix, balise ce terrain verdoyant dont le lac (d'une profondeur moyenne de 2,5 mètres) et les bassins, ont une capacité de production de dix tonnes de poissons par an. François, qui vient de l'élevage bovin, est avant tout un passionné, qui prend soin de ses salmonidés avec une attention particulière, sous l'œil privilégié de la Soudine, de l'Andey et de la Môle, les montagnes avoisinantes.
L'activité s'ouvre également à l'aspect pédagogique en accueillant des classes et des familles, et vise à sensibiliser les visiteurs sur le respect des écosystèmes.

Légende des photos :
1. Les étangs de l'exploitation
2. Un nouveau jour se lève...
3. Un flotteur de pêche

1

2

3

LES POISSONS

Comment les choisir ?

Pour le poisson, il faut s'attacher à la fraîcheur avant tout, ensuite le prendre épais et bien ferme, sans aucune meurtrissure
On reconnaît le poisson frais à l'œil, aux ouies, et à l'odeur.
L'odeur ne suffit pas pour constater la fraîcheur et la qualité du poisson ; il peut être lavé et n'avoir, pour cette raison, aucune mauvaise odeur appréciable. La chair n'en sera pas moins terne et molle. Il faut toujours se méfier du poisson lavé, il vaut mieux le voir tel qu'il sort de l'eau, enduit d'une substance visqueuse.
Le poisson très frais a l'œil brillant, limpide, la robe plus splendidement teintée. Il a les ouies d'un rouge-clair, ou grises frangées de rose. Lorsqu'elles sont d'un rouge brun, méfiez-vous !

Poissons frais et frai

Les poissons perdent de leur qualité au moment du frai (période de reproduction). On doit y penser au moment de l'achat et ne pas prendre du poisson qui a frayé ou est sur le point de frayer. On les reconnaît à leur ventre rentré au dedans ou démesurément gonflé.

Vider, écailler, écorcher...

Presque tous les poissons se vident ; les uns s'écaillent, les autres s'écorchent.
Pour écailler un poisson, une fois qu'il est bien vidé, on le saisit par le bout de la queue de la main gauche en le soulevant à moitié et on le frotte de la main droite, avec un couteau, à contre sens et pas trop fortement, de manière à ne pas endommager la peau.
Pour écorcher un poisson, on passe le bout de la lame du couteau sous la peau, près de la tête, et l'on en détache une partie, on renverse cette partie ; puis, de la main gauche, on prend le poisson par la tête au moyen d'un torchon pour qu'il ne glisse pas ; puis de la main droite, en se servant d'un autre bout du torchon, la partie de la peau détachée et renversée et l'on tire… On veille à ce qu'il ne vienne pas de fragments de chair avec la peau ; dans ce cas, dès qu'on s'en aperçoit, on les détache de la peau avec un couteau pour qu'ils ne continuent pas à venir avec elle.

Quelques recommandations importantes :

Ne pas nettoyer le poisson trop longtemps à l'avance ; le travail qu'il subit le fait passer promptement. - Le conserver dans un endroit frais.
Ne pas le laisser tremper dans l'eau ; les chairs y deviennent molles et flasques.
Ne pas trop tamponner le poisson quand on l'essuie, car on le meurtrit et on lui ôte une grande partie de sa délicatesse.

LES MEILLEURES RECETTES DE FRANÇOIS

INGRÉDIENTS
POUR
8 PERSONNES

- 4 kg de poissons de roche (des rascasses, des congres, etc.)
- 1 gros oignon jaune
- 2 tomates
- 1 petit bulbe de fenouil
- Le zeste d'une orange
- 1 petit verre de pastis
- 1 beau bouquet garni
- 15 cl d'huile d'olive
- Sel et poivre

LA SOUPE DE POISSON COMME LA MITONNE TANTE JEANNETTE

Préparation : **30 min** | Cuisson : **1 h** | Difficulté : ✱✱✱

1. Videz soigneusement les poissons, écaillez-les et rincez-les sous un filet d'eau fraîche. Dans une cocotte, faites chauffer l'huile d'olive et, quand elle est brûlante, ajoutez les poissons sans cesser de remuer. Incorporez l'oignon coupé en petits cubes, les tomates, le fenouil et les zestes d'orange grossièrement coupés. Versez le pastis puis recouvrez d'eau à hauteur, assaisonnez de sel, de poivre, ajoutez le bouquet garni et laissez cuire une bonne demi-heure.

2. À la cuisson, les chairs de poisson se détachent et la préparation devient un peu pâteuse. Il ne faut pas hésiter à ajouter de l'eau pour qu'elle reste relativement liquide. Passez ensuite cette soupe au moulin à légumes (ou au blender mais sans en parler à tante Jeannette qui ne jure que par son moulin à légumes !).

3. Nettoyez la cocotte et filtrez la soupe afin de retirer tous les morceaux d'arêtes. Goûtez avant d'ajouter du sel et du poivre. Laissez mijoter la soupe de poissons un bon quart d'heure avant de la servir avec des belles tranches de pain grillé frotté à l'ail, sans oublier la rouille.

CONSEIL EN VIN : CHÂTEAU LAUBES 2007 BORDEAUX ROUGE

INGRÉDIENTS
POUR
4 PERSONNES

• 4 filets de truite
• 5 carottes
• 1 filet de truite blanche fumée
•1/4 de chou vert frisé
• 3 échalotes
• 1 verre de vin blanc
• 10 cl de crème fleurette

Pour le gratin

• 6 pommes de terre
• 1 gousse d'ail
• 10 cl de lait
• 20 cl de crème fleurette
• 1 pincée de muscade
• 1 noix de beurre
• Sel et poivre

ROULEAUX DE TRUITE FARCIS AU CHOU

Préparation : **40 min** | Cuisson : **1 h** | Difficulté : ✻ ✻

1. Commencez par préparer le gratin. Pour cela, épluchez les pommes de terre, coupez-les en lamelles très fines avec une mandoline. Pelez la gousse d'ail, émincez-la finement et répartissez-la dans le fond d'un plat à gratin. Étalez un tiers des pommes de terre, assaisonnez de sel, de poivre et de noix de muscade râpée, versez un peu de lait et de crème fleurette et renouvelez l'opération jusqu'à épuisement des lamelles de pommes de terre. Parsemez de petits dés de beurre et enfournez trois quarts d'heure à 180 °C en prenant soin de mélanger les pommes de terre à mi-cuisson pour qu'il y ait du croustillant un peu partout dans le gratin.

2. Émincez finement le quart de chou vert, cuisez-le en le plongeant une dizaine de minutes dans de l'eau bouillante salée et égouttez-le en le pressant un peu pour bien éliminer l'humidité. Hachez très finement la truite fumée et, dans un saladier, mélangez-la au chou. Préparez les filets de truite : retirez la peau en faisant glisser la lame d'un couteau bien aiguisée, coupez les parties grasses et les nageoires. Posez-les sur une planche à découper, assaisonnez de sel et de poivre, déposez une grosse noix de farce au chou et enroulez les filets.

3. Émincez les échalotes et étalez-les dans le fond d'un plat allant au four. Versez le vin blanc puis déposez les rouleaux de truite farcis. Arrosez le tout de crème fleurette et enfournez le plat à 180 °C pendant une vingtaine de minutes.

4. Pendant ce temps, faites cuire les carottes épluchées et coupées en petits cubes en les plongeant dix minutes dans de l'eau bouillante salée. Servez les filets de truite farcis avec un peu de gratin et des carottes généreusement arrosées de la crème de cuisson des filets de truite.

INGRÉDIENTS
POUR
4 PERSONNES

- 2 grosses truites entières
- 100 g d'amandes effilées
- 20 cl de crème fleurette
- 3 carottes
- 1 courgette
- Un filet d'huile d'arachide
- Sel et poivre

LES TRUITES À LA CRÈME D'AMANDE

Préparation : **15 min** | Cuisson : **10 min** | Difficulté : *

1. Désarêter les truites par le dos : la manipulation est délicate mais le résultat en vaut la peine ! Posez une truite sur un des flancs sur le plan de travail. Avec un couteau bien aiguisé, incisez la pointe juste derrière la tête de la truite en suivant la nageoire dorsale jusqu'à la nageoire adipeuse (celle avant la queue) sur un centimètre de profondeur. Retournez le poisson sur l'autre flanc et renouvelez l'opération de l'autre côté de la dorsale. Ensuite, coupez la colonne vertébrale au niveau de la queue (avec des ciseaux), détachez la colonne jusqu'à la tête et coupez aussi avec des ciseaux. Videz le poisson en prenant soin de le préserver entier de la tête à la queue. Avec une pince à épiler, vérifier qu'il n'y ait plus d'arêtes et rincez le poisson. Pratiquez de la même façon avec l'autre truite.

2. Dans une poêle sans matières grasses, faites colorer les amandes effilées puis recouvrez-les de crème fleurette. Portez cette préparation à ébullition et laissez réduire jusqu'à obtention d'une pâte plus épaisse. Assaisonnez l'intérieur des poissons de sel et de poivre.

3. Dans un grand plat à gratin graissé d'huile d'arachide, enfournez les truites bien ouvertes à 160 °C pendant 7 à 8 minutes. Sortez ensuite le plat du four et farcissez les truites avec la « pâte » aux amandes. Enfournez à nouveau quelques minutes.

4. Pour la garniture, épluchez les carottes et coupez-les en bâtonnets. Plongez-les trois minutes dans une casserole remplie d'eau bouillante puis rincez-les sous un filet d'eau froide. Taillez la courgette en bandes fines avec un économe ou une mandoline. Plongez-les vingt secondes dans l'eau bouillante salée puis dans de l'eau glacée. Réalisez des petits fagots de carottes en enroulant une lamelle de courgette pour les lier. Dressez les fagots autour des truites à la crème d'amande.

• LE CONSEIL DE BERNARD MAGRET, SPÉCIALISTE DU VIN •

Le Clémentin blanc du Château Pape Clément 2006 sera magnifique sur la crème d'amande car l'on retrouve cette onctuosité dans le vin

HARENGS POMMES À L'HUILE

Préparation : **10 min** | Marinade : **2 jours** | Difficulté : ✱

1. Ce plat est meilleur quand il est préparé au moins deux jours à l'avance, les aromates ont ainsi bien le temps de parfumer la marinade. Commencez par émincer très finement la carotte, la branche de céleri et l'oignon violet. Dans une grande terrine, étalez une couche de harengs fumés, une autre de légumes émincés, parsemez de grains de poivre écrasés avec le plat d'une lame de couteau et de grains de coriandre.

2. Recouvrez d'une couche de harengs, de légumes et ainsi de suite jusqu'à épuisement de tous les ingrédients. Arrosez le tout avec l'huile d'arachide et laissez mariner pendant deux jours au frais. Les harengs pommes à l'huile se dégustent avec de simples pommes de terre cuites à l'eau, des rattes de Noirmoutier pour les grands jours.

CONSEIL EN VIN : MAGREZ ARUGA JAPON BLANC 2007

INGRÉDIENTS POUR 6 PERSONNES

- Une dizaine de filets de harengs fumés
- 700 g de petites rattes

Pour la marinade

- 50 cl d'huile d'arachide
- 1 carotte
- 1 oignon violet
- 1 branche de céleri
- Des grains de poivre mélangés
- 1 pincée de coriandre en grains

INGRÉDIENTS POUR 4 PERSONNES

- 4 pavés de cabillaud un peu épais
- 600 g de girolles
- 4 tranches fines de jambon cru de pays
- 1 noix de beurre
- un filet d'huile d'arachide

PAVÉ DE CABILLAUD AU JAMBON CRU ET AUX GIROLLES

Préparation : **15 min** | Cuisson : **10 min** | Difficulté : ✱

1. Avec une pique de bois, fixez le jambon cru sur chaque pavé de cabillaud. Dans une poêle, sur feu très doux, faites cuire les pavés côté chair avec l'huile et la moitié du beurre. Il est important que la cuisson soit douce et longue, comme pour le saumon à l'unilatéral. Après cinq minutes, retournez les pavés côté jambon cru et continuez la cuisson.

2. Dans une autre poêle, avec le reste du beurre, faites sauter les girolles salées et poivrées. Dans des assiettes bien chaudes, servez les pavés de cabillaud surmontés de jambon cru bien coloré et croustillant, et les girolles autour.

LE POULET AUX ÉCREVISSES

Préparation : **20 min** | Cuisson : **1h30** | Difficulté : ✱ ✱

1. Dans une cocotte, faites saisir les morceaux de poulet avec l'huile d'arachide en les retournant régulièrement pour qu'ils colorent uniformément. Ajoutez ensuite les écrevisses entières, l'ail haché, les échalotes ciselée et de l'eau si nécessaire. Le bouillon de cuisson doit arriver à hauteur des aliments. Laissez mijoter une vingtaine de minutes puis retirez les écrevisses du bouillon pour qu'elles ne soient pas trop cuites.

2. Laissez mijoter le poulet encore trois quarts d'heure avant d'incorporer à nouveau les écrevisses pour les réchauffer. Faites chauffer un grand plat de service au four, égouttez les morceaux de poulet et les écrevisses pour les disposer dans ce plat. Ajoutez la crème dans la cocotte, goûtez pour ajuster l'assaisonnement en sel et en poivre puis, dès que la sauce a mijoté deux minutes, nappez le poulet et les écrevisses. Servez sans tarder et invitez vos invités à déguster ce plat avec les doigts, c'est encore meilleur !

INGRÉDIENTS POUR 6 PERSONNES

- 1 poulet coupé en huit morceaux
- 8 écrevisses
- 2 gousses d'ail
- 3 échalotes
- Quelques brins de thym
- 2 cuillerées à soupe de farine
- 1 cuillerée à soupe de concentré de tomate
- 100 g de crème fraîche épaisse
- 1 petit verre d'armagnac
- 1 bouteille de vin blanc sec
- 1 petit piment
- Un filet d'huile d'arachide

INGRÉDIENTS
POUR
4 PERSONNES

- 4 filets de truite sans peau ni arêtes
- 1 échalote
- Une douzaine de petites pommes de terre
- 1 courgette
- Quelques brins de ciboulette
- 1 tomate
- 1 citron
- Crème liquide
- Sel et poivre

LES PAPILLOTES DE POISSON SELON FRANÇOIS

Préparation : **10 min** | Cuisson : **20 min** | Difficulté : *

1. Hachez la ciboulette et l'échalote, disposez-les dans bol avec du sel, du poivre et la crème liquide. Émincez les filets de truites en lamelles et dressez-les dans des papillotes de papier aluminium en alternant les lamelles de truite, les rondelles de tomate et les rondelles de citron.

2. Pincez les deux extrémités de la papillote comme un bonbon et versez une ration généreuse de sauce ciboulette. Enfournez les papillotes une vingtaine de minutes à 180 °C. Servez-les avec les pommes de terre cuites dans de l'eau salée et des tronçons de courgette cuits à la vapeur, taillés puis ouverts en éventail.

• LE CONSEIL DE BERNARD MAGRET, SPÉCIALISTE DU VIN •

Notre choix se porte sur le Château Laubès blanc 2007 car le Sauvignon relèvera la texture de la cuisson en papillote.

AUBERGE
DU
Mt BLANC

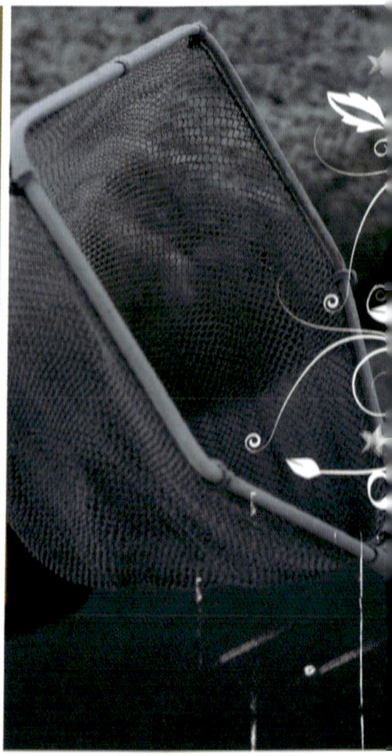

WELCOME

INGRÉDIENTS
POUR
4 PERSONNES

- 1 kg environ de queue de lotte entière
- 6 blancs de poireaux
- 1 noix de beurre
- 1 graine de cardamome
- 10 cl de vin blanc
- Un filet d'huile d'olive
- Sel et poivre

RÔTI DE LOTTE À LA FONDUE DE POIREAUX

Préparation : **10 min** | Cuisson : **35 min** | Difficulté : ✳

1. Émincez finement les blancs de poireaux. Dans une sauteuse, faites fondre le beurre, incorporez les poireaux émincés, assaisonnez de cardamome écrasée, de sel et de poivre et laissez confire une bonne vingtaine de minutes à couvert et sur feu doux, en remuant de temps en temps.

2. Dans un plat à gratin arrosé d'huile d'olive, posez la queue de lotte ficelée comme un rôti. Versez le vin, assaisonnez de sel et de poivre et enfournez le plat une dizaine de minutes à 200 °C. Sortez le plat du four, retournez le rôti de lotte et disposez autour la fondue de poireaux.

3. Enfournez à nouveau cinq minutes et servez aussitôt.

SAINT-JACQUES EN COQUILLES D'ARTICHAUTS

Préparation : **15 min** | Cuisson : **20 min** | Difficulté : ✳✳

1. Dans une petite casserole, avec la moitié du beurre, faites fondre les échalotes avec deux fonds d'artichauts coupés en dés et assaisonnez de sel et de poivre. Ajoutez la crème fleurette et laissez cuire une dizaine de minutes en remuant régulièrement. Mixez cette préparation en purée.

2. Émincez les noix de Saint-Jacques en lamelles (trois par Saint-Jacques). Déposez un peu de purée dans les fonds d'artichauts, trois lamelles de Saint-Jacques, un peu de jambon coupé en fines lanières. Recouvrez de purée puis de chapelure. Parsemez de beurre et enfournez une dizaine de minutes à 180 °C.

3. Cette entrée élégante (ou garniture pour un poisson) se marie parfaitement avec une salade rustique comme les pissenlits.

CONSEIL EN VIN : PASSION BLANCHE VIN DE PAYS D'OC 2006 BLANC

INGRÉDIENTS
POUR
4 PERSONNES

- 4 belles noix de Saint-Jacques
- 6 fonds d'artichauts cuits
- 2 échalotes
- 2 tranches de jambon cru
- 20 cl de crème fleurette
- 100 g de chapelure
- 1 noix de beurre
- Sel et poivre

INGRÉDIENTS
POUR
8-10 PERSONNES

- 500 g de truite fumée effilochée en lambeaux
- 500 g de chair de truite rose
- 200 g de beurre
- 1 verre de vin blanc
- 1 petite botte d'estragon
- 1 noisette de beurre pour la cuisson
- 3 cl de cognac
- Sel et poivre

LES RILLETTES DE POISSON FAÇON FRANÇOIS

Préparation : **15 min** | Cuisson : **5 min** | Difficulté : *

1. Ôtez la peau et le gras de la truite rose. Avec une pince à épiler, retirez soigneusement les arêtes puis coupez des lamelles de chair de poisson. Versez le vin blanc dans une poêle et faites-y pocher – c'est-à-dire cuire à petits frémissements – les lamelles pendant cinq minutes, puis égouttez-les. Le vin blanc utilisé pendant la cuisson permet de conserver l'acidité du poisson. En revanche, il ne faut pas le conserver après cuisson car il ne donne pas un goût agréable aux rillettes.

2. À part, dans une autre poêle avec une noisette de beurre, faites sauter rapidement les morceaux effilochés de truite fumée. Dans le bol du robot mixeur, disposez le beurre coupé en petits dés, l'estragon haché, du sel, du poivre et les deux préparations de poisson (sans le vin blanc). Mixez pour bien mêler tous les ingrédients en incorporant peu à peu le cognac. Mettez les rillettes de truite dans une terrine ou un pot en grès et réservez-les au moins trois heures au réfrigérateur avant de les déguster généreusement tartinées sur du bon pain.

3. Petite astuce de François : siroter un petit verre, « un fond », de gentiane cul sec entre chaque étape du plat pour parfaitement réussir la recette !

• LE CONSEIL DE BERNARD MAGRET, SPÉCIALISTE DU VIN •

Château Haut Mouleyre Blanc 2006, car la consistante opulente d'une rillette s'allie avec délices avec le gras du vin.

BRANDADE DE MORUE

Préparation : **15 min** (hors temps de dessalage) | Cuisson : **15 min** | Difficulté : ✱✱

INGRÉDIENTS
POUR
4 PERSONNES

- 1 kg de morue
- 1/2 litre de lait
- 2 gousses d'ail
- Un peu de noix de muscade
- Poivre

1. Contrairement aux idées reçues, la brandade n'est pas une purée à la morue. La veille plongez la morue coupée deux ou trois tronçons dans un grand saladier rempli d'eau froide et placez-le dans le réfrigérateur toute la nuit en changeant plusieurs fois l'eau pour bien dessaler la morue.

2. Le lendemain, mettez la morue dans une casserole d'eau froide et portez à ébullition une dizaine de minutes, à petits frémissements. Égouttez-la et effilochez la chair avec une fourchette.

3. Remettez la morue dans une casserole sur feu doux et, sans cesser de remuer, incorporez peu à peu le lait tiède toujours en mélangeant au même rythme, assaisonnez de poivre, d'ail haché et de muscade en poudre.

4. Versez la brandade dans un plat à gratin et enfournez quelques minutes à 200 °C pour faire dorer la surface.

BAR AUX ÉPICES

Préparation : **10 min** | Cuisson : **20 min** | Difficulté : ✱

INGRÉDIENTS
POUR
3 À 4 PERSONNES

- 1 gros bar de 2 kg environ
- 2 pincées de coriandre en graines
- 1 pincée de poivre en grains
- 2 pincées de gros sel marin
- Un bon filet d'huile d'olive
- 1 citron
- Quelques feuilles d'estragon

1. Dans un mortier, écrasez au pilon le gros sel marin, les graines de coriandre, le poivre en grains et quelques gouttes d'huile d'olive. Le bar, préparé par votre poissonnier, a été soigneusement vidé et écaillé. Rincez-le sous un filet d'eau fraîche, séchez-le sur du papier absorbant et faites quelques petites incisions sur les flancs, dans la partie la plus charnue du poisson.

2. Badigeonnez et massez le poisson avec la préparation réalisée dans le mortier. Dans un bol, mélangez le jus du citron, le reste de l'huile d'olive et l'estragon finement ciselé. Déposez le bar dans un grand plat à gratin, arrosez-le avec la moitié de l'huile parfumée au citron et à l'estragon. Enfournez une vingtaine de minutes à 200 °C.

3. Apportez le plat à table, découpez le bar en filets et servez une portion à chaque convive. Proposez un peu d'huile parfumée à l'estragon pour arroser les morceaux de poisson et servez avec des pommes de terre vapeur, qui accompagneront parfaitement ce plat.

SOLE MEUNIÈRE

Préparation : **5 min** | Cuisson : **15 min** | Difficulté : ✱

1. Ce grand classique de la cuisine française remporte toujours tous les suffrages auprès des invités. Émincez le citron en très fines tranches, ciselez grossièrement les brins de persil plat. Dans une ou deux poêle, selon la taille des soles, faites fondre le beurre doux avec l'huile d'arachide. Déposez les soles, côté peau blanche sur la poêle, et laissez-les cuire cinq minutes avant de les retourner très délicatement avec une spatule.

2. Faites chauffer le plat de service au four, déposez les soles cuites et réservez-les deux minutes au chaud. Le temps de faire fondre le beurre salé dans la poêle qui a servi à la cuisson. Déposez les lamelles de citron et le persil sur les soles, puis le beurre salé fondu dès qu'il dégage un parfum de noisette. Le beurre chaud fait frémir le persil et le citron humide, c'est le moment de déguster sans tarder les soles meunière.

INGRÉDIENTS

POUR 4 PERSONNES

- 2 grosses soles bien charnues
- 50 g de beurre doux
- 50 g de beurre demi-sel
- 1 citron
- Quelques brins de persil plat
- Un filet d'huile d'arachide

INGRÉDIENTS

POUR 6 PERSONNES

- 700 g de restes de poissons cuits (saumon, colin, cabillaud etc.)
- 200 g de moules décortiquées
- 1 verre de fumet de moules
- Une douzaine de crevettes roses décortiquées
- 3 échalotes
- 1 noisette de beurre
- 1 cuillerée à café de Maïzena
- 300 g de crème fraîche épaisse
- 2 jaunes d'œufs
- 1 pincée de muscade
- Sel et poivre

LE GRATIN DE POISSONS DE CATHERINE

Préparation : **10 min** | Cuisson : **15 min** | Difficulté : ✱✱

1. Personne ne peut deviner que ce plat élégant est en fait une belle façon de mitonner des restes. Dans une poêle, avec le beurre, faites suer les échalotes ciselées, incorporez le fumet de moules (c'est le secret de Catherine pour que le gratin adopte un goût si particulier) et la Maïzena diluée dans deux cuillerées à soupe d'eau froide. Assaisonnez de sel, de poivre et incorporez la crème épaisse.

2. Pendant que la sauce épaissit à petit feu, disposez les morceaux de poisson dans un grand plat à gratin, répartissez les moules et les crevettes. Hors du feu, mélangez énergiquement les deux jaunes d'œufs à la sauce puis versez le tout sur les poissons, crevettes et moules. Enfournez le gratin une douzaine de minutes à 200 °C, jusqu'à ce qu'il affiche une belle croûte dorée.

CONSEIL EN VIN : CHÂTEAU LA TOUR CARNET BLANC 2006

POISSONS DE NOS LACS ET RIVIÈRES

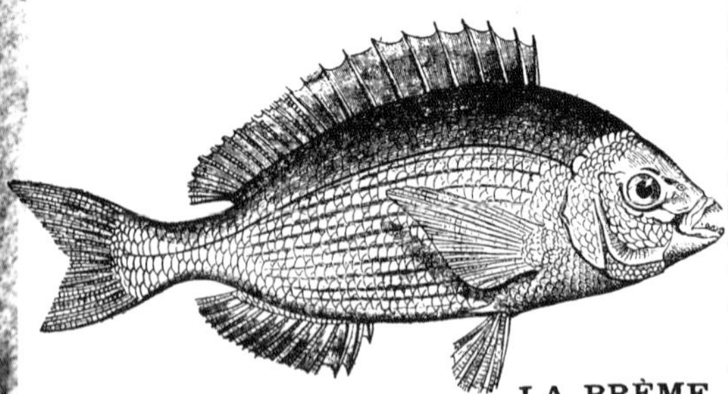

LA BRÈME

LA TANCHE

LA CARPE

LE BARBEAU

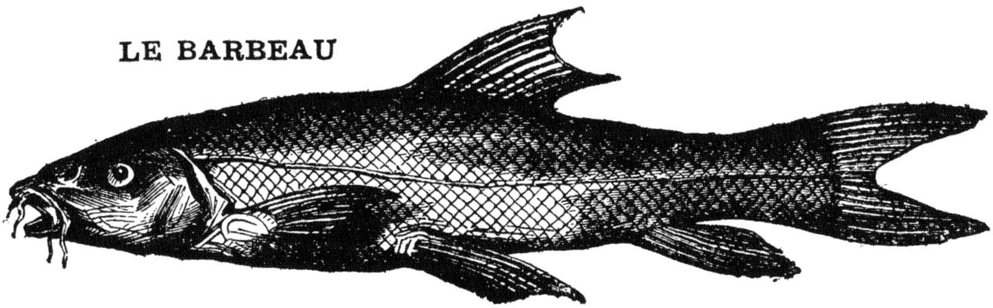

LA PERCHE

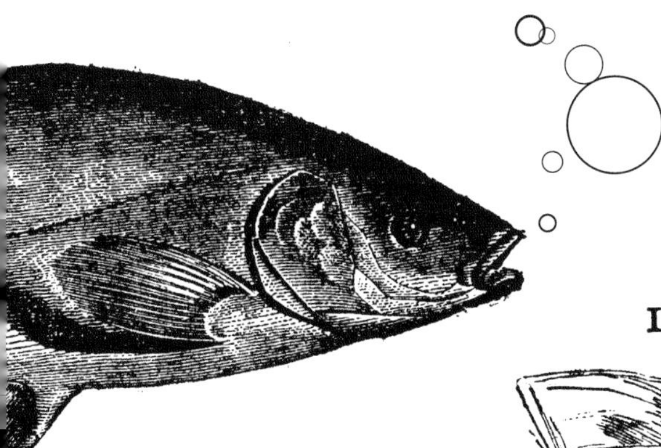

LE BROCHET

LES CAROTTES SONT CUITES !

Françoise & Jean-Yves

Maraîchers à Heudicourt (80)

La recette de l'amour, Jean-Yves et Françoise la connaissent bien. Ils en cultivent ensemble les différents ingrédients depuis leur rencontre en 2003, sur un marché de la Somme.
C'est l'endive, chère au cœur de Jean-Yves, qui a fait les présentations ! Car c'est en proposant à Françoise de réaliser des soupes à partir de son fameux chicon que l'agriculteur est tombé peu à peu sous le charme, tout comme les fidèles du marché ! Les recettes se succèdent et la magie prend, Jean-Yves et Françoise s'installent ensemble et se marient en 2006, créant ainsi le véritable engrais du bonheur…

Les champs de Picardie

L'amour
est dans les prés de Picardie

« Bucolique, royale, gothique... » sont les différentes facettes de cette terre singulière aux habitants chaleureux : au nord de la France se dessine la belle région de Picardie ! Elle réunit autour de la ville d'Amiens, les départements de l'Aisne, l'Oise et la Somme. Des univers entre bocages, cathédrales, vestiges archéologiques mais aussi des parcs et jardins somptueux ! Les nombreux amoureux de la Picardie le sont aussi de son accent, fruit d'un héritage culturel d'une grande richesse, et rendu célèbre par ses différentes expressions ! L'agriculture occupe 70 % du territoire régional et fait de la Picardie le premier producteur français de betteraves à sucre et de pois, second pour la pomme de terre ou les endives. Le sol et le climat picards extrêmement favorables au rendement des productions végétales expliquent la remarquable compétitivité de l'agriculture régionale.

SUR L'EXPLOITATION AVEC JEAN-YVES

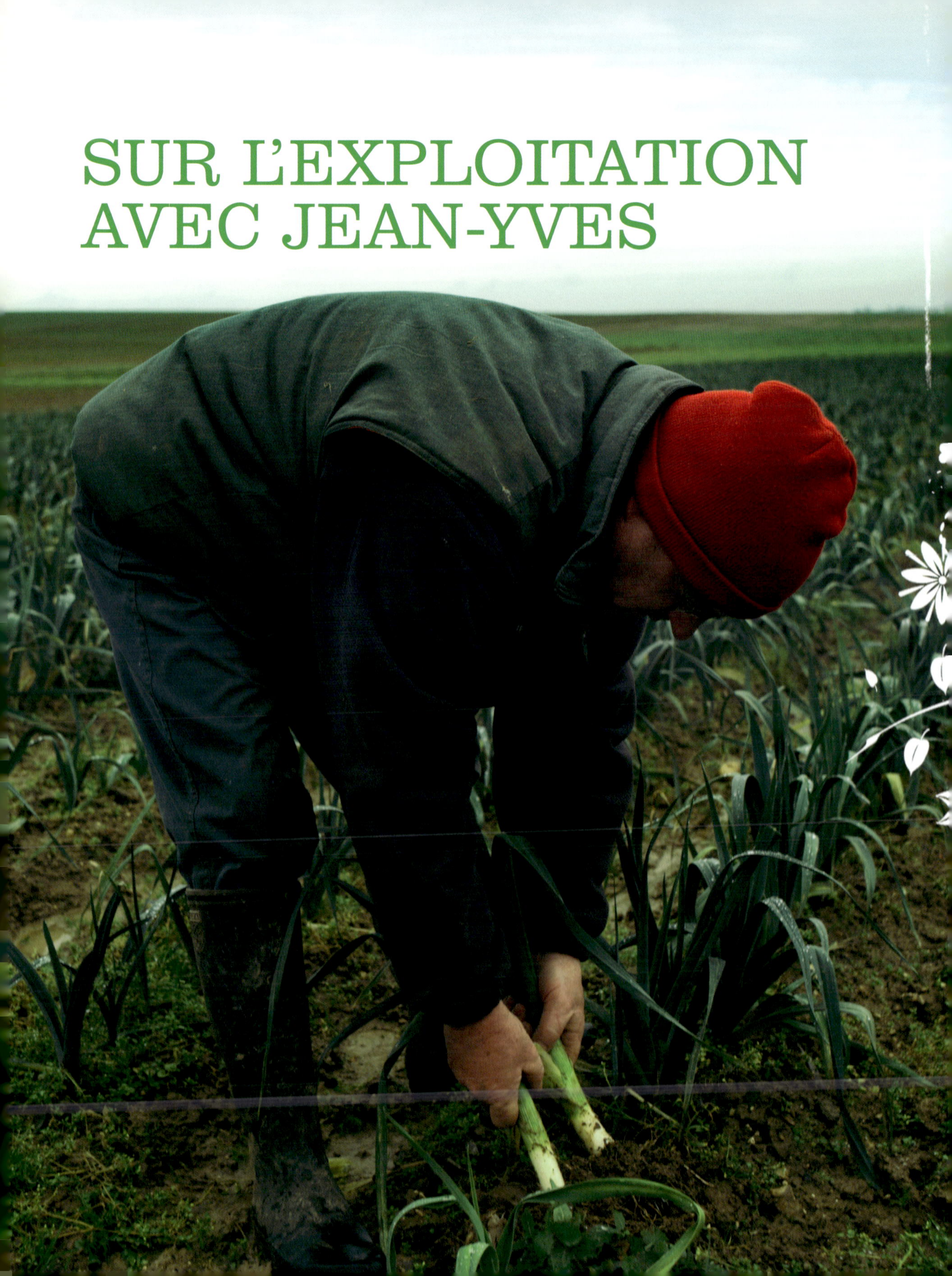

C'est en 1980 que Jean-Yves reprend cette exploitation de la commune d'Heudicourt sur laquelle avant lui, son grand-père et son père avaient cultivé la terre. 85 hectares où l'on peut trouver du blé, de la betterave, des pommes de terre ou encore du colza, mais également une profusion de produits issus de l'agriculture biologique : poireaux, carottes, tomates, aubergines, courgettes, fenouils, panais, céleris, ou la fameuse endive (ou chicon), véritable trésor régional.
L' envie de faire évoluer sa production vers l'agriculture biologique a été pour Jean-Yves, dès 1999, une forme d'évidence. Pour renouer avec les méthodes familiales tout d'abord, puisque c'est la culture pratiquée par son grand-père. Puis dans le souci de proposer des produits plus sains, cultivés au rythme des saisons.
Si l'agriculture biologique exclut l'usage d'engrais et de pesticides de synthèse, tout comme celui d'organismes génétiquement modifiés, c'est en privilégiant la biodiversité, la rotation des cultures, le compostage ou la lutte biologique. Ainsi, Jean-Yves, accompagné de deux employés à plein temps, cultivent « à la main » les légumes aux couleurs éclatantes que l'on retrouve par la suite sur les étales des marchés de la région.

Formé en 2000 par la Chambre de l'Agriculture de l'Oise, Jean-Yves se lance avec 25 producteurs dans la création d'un marché où l'envie de proximité et d'échange avec le consommateur s'avère primordial. Sa rencontre avec Françoise va l'aider à franchir une nouvelle étape, avec l'ouverture en 2007 d'un magasin de vente directe accolé à l'exploitation : produits vendus sans intermédiaire, échanges de recettes, les habitants des communes environnantes répondent présents ! Françoise y propose de nombreux délices de saisons : pôelée de légumes, gratins en tout genre, ficelles picardes…

1

2

3

Légende des photos :
1. Pommes de terre mises en sac par Jean Yves
2. Le magasin de Françoise
3. L'exploitation du couple

QUELQUES LÉGUMES DE SAISON

Il faut les avoir, autant que possible, frais, tendres et nouvellement cueillis.

• Les pommes de terre ne doivent avoir aucune tache de moisissure ni de pourriture, même à l'extérieur ; évitez aussi celles qui ont une teinte verdâtre. Elles doivent être d'un gris jaunâtre, ou d'un beau rouge ou violet, bien franchement, selon leur espèce. L'intérieur doit être d'un beau jaune clair sans aucune tache. Evitez celles qui commencent à germer.

• Les choux doivent être choisis bien frais, avec un cœur bien ferme. Si l'on veut les conserver, il faut choisir les plus pommés.

• Les choux de Bruxelles sont des petits choux tout au plus de la grosseur d'une noix et que l'on récolte sur un chou d'une variété particulière, à la jonction des feuilles et de la tige principale. On doit les choisir bien verts, très fermes, nouvellement cueillis et sans feuilles jaunes flétries. La saison des choux de Bruxelles commence début novembre et se termine fin février.

• Les carottes doivent avoir une forme ramassée et être d'un bel orange foncé. Choisissez-les bien fraîches. La saison des carottes nouvelles est du premier mai au commencement d'octobre.

• Il faut choisir les navets bien sains, non creux. La véritable saison du navet est du premier mai à la fin de février.

• La saison des artichauts est en mai et en octobre. Prenez de préférence les artichauts aux feuilles ovales et un peu allongées de préférence, à ceux aux feuilles plus serrées, plus rondes, et à la forme plus aplatie qui sont beaucoup moins délicats. Choisissez des artichauts bien verts, bien frais, et dont le sommet des feuilles ne pique pas, auquel cas ils seraient durs et filandreux.

• Les mois des asperges sont avril et mai. Il faut les choisir nouvellement coupées, sans taches de rouilles ni morsures d'insectes ; la tête d'un beau violet et le reste de l'asperge très blanc. L'espèce verte est moins délicate.

• Les melons doivent être relativement lourds, la queue fraîche et bien détachée, avec beaucoup de parfum. On s'assure de la maturité d'un melon d'abord par l'inspection de la queue (quoi doit être bien détachée donc), ensuite il faut que la partie du melon opposée à la queue fléchisse sous le pouce.

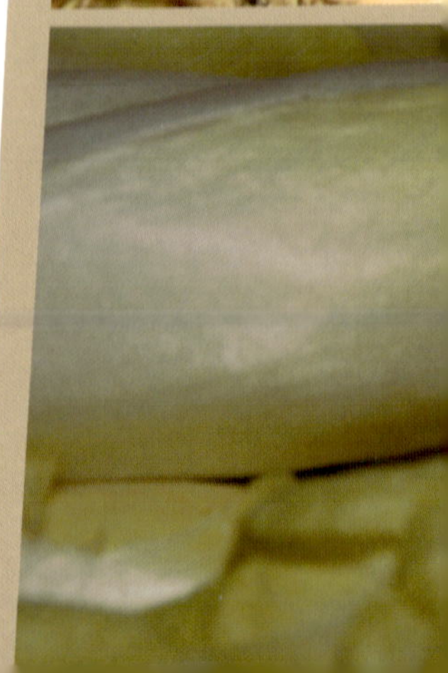

1Kg
2€70 €
CELERi

LES MEILLEURES RECETTES DE FRANÇOISE

INGRÉDIENTS

POUR
4 PERSONNES

- 500 g de haricots verts
- Une dizaine d'asperges vertes
- 2 courgettes
- 1 bouquet de basilic
- 1 cuillerée à soupe de pignons
- 50 g de parmesan
- 30 cl d'huile d'olive
- Sel

PISTOU TOUT VERT POUR FÊTER LE PRINTEMPS

Préparation : **25 min** | Cuisson : **15 min** | Difficulté : ✲✲

1. Avec le robot plongeant (celui avec lequel vous mixez la soupe) ou dans le blender, mixez l'huile d'olive avec le basilic, le parmesan et les pignons. Réservez ce pesto au frais le temps de préparer les légumes. Faites chauffer une grande casserole d'eau bouillante salée et plongez les asperges huit minutes. Retirez-les et plongez-les aussitôt dans une grande bassine d'eau avec des glaçons. Par cette technique, les légumes verts conservent leur croquant et leur belle couleur verte.

2. Procédez de la même façon avec les haricots équeutés et coupés en petits tronçons (cuisson de cinq minutes) et avec les courgettes coupées en petits cubes (cuisson de deux minutes). Égouttez tous les légumes.

3. Prélevez un litre du bouillon qui a servi à la cuisson des légumes. Faites-le chauffer. Hors du feu incorporez les légumes et le pesto puis servez aussitôt. Le pistou du printemps est aussi délicieux froid.

CONSEIL EN VIN : UN BANDOL ROSÉ DE CHEZ OTT

INGRÉDIENTS
POUR
4 PERSONNES

- 3 blancs de poireaux
- 3 carottes
- 300 g de chair de potiron
- 150 g de panais
- 150 g de céleri-rave
- 100 g de pommes de terre
- 1 oignon
- 1 cuillérée à soupe d'huile d'olive
- Ail
- Sel et poivre

JARDINIÈRE DE LÉGUMES D'AUTOMNE

Préparation : **15 min** | Cuisson : **25 min** | Difficulté : *

1. Pour savourer pleinement toutes les saveurs de cette recette, Françoise suggère d'incorporer les légumes dans l'ordre indiqué ci-dessous.

2. Dans une marmite avec l'huile d'olive chauffée sur feu vif, faites d'abord revenir l'oignon en petits dés. Incorporez l'ail haché, puis les blancs de poireaux émincés. Ajoutez ensuite les carottes épluchées et coupées en rondelles, puis les panais, le céleri-rave et les pommes de terre épluchés et taillés en cubes.

3. Entre chaque étape, remuez délicatement. Incorporez en dernier le potiron coupé en morceaux, car cette cucurbitacée est si timide qu'elle se liquéfie dès qu'on lui présente trop de monde !

4. Salez, poivrez et ajoutez deux verres d'eau. Laissez cuire une quinzaine de minutes à feu moyen. La cocotte automnale permet d'apprécier les goûts et les textures des légumes, car ils restent pour la plupart croquants.

• LE CONSEIL DE BERNARD MAGRET, SPÉCIALISTE DU VIN •

Le Château Haut Bailly 2004 sera un compagnon de table idéal
car le mariage entre le fruité du vin
et les arômes des légumes d'automne sera heureux.

INGRÉDIENTS
POUR
4 PERSONNES

- 750 g de chair de potiron
- 3 pommes
- 2 échalotes
- 2 cuillerées à soupe de persil plat ciselé
- 75 cl de bouillon de légumes
- 20 cl de crème liquide
- 30 g de beurre

VELOUTÉ DE POTIRON ACIDULÉ AUX POMMES

Préparation : **10 min** | Cuisson : **30 min** | Difficulté : ✱

1. Dans une sauteuse avec le beurre, faites revenir pendant cinq minutes à feu moyen les échalotes hachées. Ajoutez la chair de potiron et les pommes épluchées et coupées en cubes (réservez une demi-pomme pour la fin de la recette). Laissez colorer légèrement tout en remuant pendant encore cinq minutes.

2. Versez le bouillon et laissez mijoter pendant une vingtaine de minutes. La chair du potiron doit s'écraser facilement. Mixez le tout au blender pour obtenir une texture bien lisse, puis versez le velouté de potiron dans la casserole. Incorporez la crème liquide. Laisser mijoter une petite minute et servez dans des assiettes creuses avec quelques fins morceaux de pomme crue et un peu de persil plat ciselé.

• LE CONSEIL DE BERNARD MAGRET, SPÉCIALISTE DU VIN •

Une très belle curiosité comme la Passion blanche 2007 où l'on retrouvera une palette d'arômes de fruits blancs dans le vin s'alliant élégamment à l'acidulé des pommes

1Kg
Prix 2€26€
Produit : COURGE
Variété :
Calibre :
Origine :

LA RATATOUILLE CHANTANTE COMME L'AIME JEAN-YVES

Préparation : **20 min** | Cuisson : **30 min** | Difficulté : ✲✲

1. Quand elle mitonne sa ratatouille, Françoise ressemble à un chef d'orchestre qui fait chanter trois casseroles, chacune sur une musique particulière. Dans la première sauteuse, avec un tiers de l'huile d'olive, faites suer l'ail et le céleri hachés, les oignons émincés ainsi que les tomates pelées, épépinées et coupées en petits cubes. Assaisonnez de sucre, de sel et de poivre et laissez mijotez un quart d'heure à feu moyen.

2. Dans une deuxième sauteuse (ou poêle), avec un autre tiers de l'huile d'olive, faites confire les aubergines coupées en cubes et assaisonnez de sel, de poivre et de brins de thym. Laissez cuire à feu doux pendant une vingtaine de minutes en remuant régulièrement.

3. Dans la troisième sauteuse, avec le reste de l'huile d'olive, faites sauter les courgettes coupées en épaisses lamelles et les poivrons en lanières, assaisonnez-les de sel, de poivre et de persil plat puis laissez-les mijoter à feu vif le temps que les légumes ramollissent tout en restant fermes. Quand les trois éléments sont cuits, mélangez-les délicatement et servez aussitôt la ratatouille sous les ovations des gourmands affamés.

INGRÉDIENTS
POUR
6 PERSONNES

- 6 tomates très mûres
- 4 courgettes
- 3 aubergines
- 2 poivrons rouges
- 4 oignons blancs
- 3 gousses d'ail
- 1 petite branche de céleri
- 1 pincée de sucre
- Quelques brins de persil plat
- Quelques brins de thym frais
- 10 cl d'huile d'olive
- Sel et poivre

INGRÉDIENTS
POUR
6 PERSONNES

- 6 gros champignons de Paris
- 2 blancs de poulet cuits ou 250 g de restes de poulet rôti
- 1 tranche de jambon cru
- 2 échalotes
- 1 pincée de muscade
- 1 œuf
- 100 g de chapelure fine
- Quelques brins de persil plat
- Un filet d'huile d'arachide
- Sel et poivre

LES CHAMPIGNONS FARCIS DU DIMANCHE SOIR

Préparation : **15 min** | Cuisson : **15 min** | Difficulté : ✲

1. Cette recette est parfaite pour improviser un repas avec les restes du poulet dominical. Dans le mixeur, hachez le poulet, les pieds des champignons avec les échalotes et le persil plat. Dans un saladier, mélangez cette préparation avec le jambon cru finement émincé, la muscade, l'œuf, la moitié de la chapelure, du sel et du poivre.

2. Disposez les têtes des champignons dans un plat à gratin légèrement huilé, répartissez la farce dans les chapeaux en la tassant légèrement. La farce doit être généreuse, bien bombée. Saupoudrez avec le reste de la chapelure et enfournez une quinzaine de minutes à 180 °C. Servez avec une bonne salade verte.

CONSEIL EN VIN :
LA PASSION D'UNE VIE CÔTES DU ROUSSILLON CUVÉE 2004 ROUGE

LES VRAIES TOMATES À LA PROVENÇALE

Préparation : **10 min** | Cuisson : **un peu plus d'1 h** | Difficulté : ✱

1. Coupez les tomates en deux dans le sens horizontal et déposez-les dans un plat allant au four. Arrosez-les d'huile d'olive et enfournez-les une heure à 100 °C pour les dessécher un peu. Mixez le persil plat, les gousses d'ail pelées et la chapelure. Retirez les tomates du four, assaisonnez-les de sel et de poivre puis saupoudrez-les de chapelure à la persillade.

2. Arrosez les tomates d'huile d'olive et enfournez le plat à 200 °C pendant cinq minutes. Quand vous servirez ces tomates provençales, vos invités n'oseront jamais les comparer aux insipides garnitures qui portent injustement ce nom.

CONSEIL EN VIN : CÔTES DE PROVENCE ROSÉ

INGRÉDIENTS
POUR
4 PERSONNES

- 4 grosses tomates mûres
- 3 gousses d'ail
- Quelques brins de persil plat
- 150 g de chapelure
- Une bonne rasade d'huile d'olive
- Sel et poivre

INGRÉDIENTS
POUR
6 PERSONNES

- 150 g de farine
- 3 œufs
- 1 sachet de levure chimique
- 10 cl de crème liquide
- 2 cuillerées à soupe d'huile d'arachide
- 100 g de comté râpé
- 1 courgette crue
- Une dizaine de haricots verts cuits à la vapeur
- Quelques petits bouquets de brocoli cuits à la vapeur
- 1 bonne pincée de curry fort
- 1 cuillerée à café de curcuma
- Sel

CAKE DE LÉGUMES AU CURRY

Préparation : **10 min** | Cuisson : **45 min** | Difficulté : ✱

1. Dans un saladier, mélangez la farine, la levure puis versez les œufs battus en omelette, le crème liquide et l'huile d'arachide. Incorporez la comté râpé, la courgette coupée en petits cubes et les haricots.

2. Mélangez vigoureusement et assaisonnez de sel, de curcuma et de curry. Tapissez un moule à cake de papier sulfurisé puis versez un tiers de la pâte. Disposez çà et là quelques bouquets de brocolis puis recouvrez de pâte, déposez à nouveau des brocolis et versez le reste de pâte.

3. Enfournez le cake au curry trois quarts d'heure à 180 °C et servez-le tiède avec du gigot froid et une salade, par exemple, ou tout simplement en apéritif.

INGRÉDIENTS
POUR
4 PERSONNES

- 8 belles endives
- 300 g de lardons nature
- 300 g de fourme de Montbrison
- 150 g de cerneaux de noix
- 1 noisette de beurre
- Un filet d'huile d'arachide
- Sel et poivre

LE GRATIN D'ENDIVES AU LARD À LA MANIÈRE DE FRANÇOISE

Préparation : **10 min** | Cuisson : **40 min** | Difficulté : *

1. Coupez les endives en deux, retirez le trognon (la partie un peu dure au centre) et déposez-les dans la poêle avec un filet d'huile d'arachide. Faites-les suer une vingtaine de minutes à feu moyen, en les retournant régulièrement pour les colorer uniformément et pour éliminer un maximum d'eau (les endives en sont gorgées).

2. Rangez la moitié des endives dans un plat à gratin, parsemez de lardons rapidement sautés à la poêle, de cerneaux de noix, de copeaux de fourme de Montbrison sur toute la surface, et recouvrez avec le reste des endives. Déposez quelques petits dés de beurre un peu partout, assaisonnez de sel et de poivre et enfournez une quinzaine de minutes à 180 °C.

• LE CONSEIL DE BERNARD MAGRET, SPÉCIALISTE DU VIN •

Domaine d'Oustric Cuvée Léo 2006, vin gouleyant et aimable s'accordant à la note fumée du lard

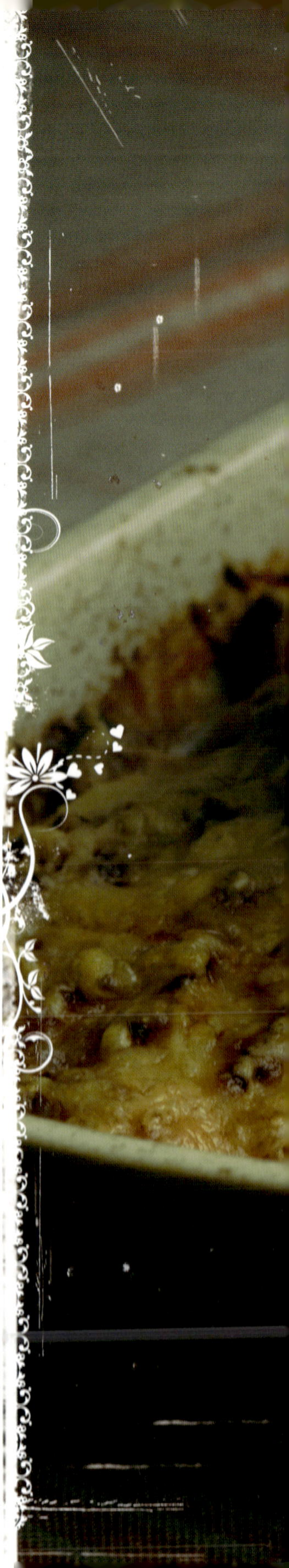

c'est de
saison

GRATINÉE À L'OIGNON

Préparation : **10 min** | Cuisson : **15 min** | Difficulté : ✻

1. Dans une cocotte, faites fondre le beurre et ajoutez les oignons pelés et émincés. Remuez-les longuement pour qu'ils colorent uniformément puis saupoudrez-les de farine. Mélangez encore pour bien enrober les oignons et pour que la farine prenne une jolie couleur, puis versez le bouillon de volaille préalablement réchauffé. Assaisonnez de sel et de poivre puis laissez cuire à feu vif pendant une dizaine de minutes.

2. Répartissez la soupe à l'oignon dans quatre bols qui supportent la cuisson au four, déposez des croûtons toastés sur la surface, parsemez de gruyère et enfournez aussitôt à 220 °C pendant cinq minutes en surveillant.

3. Servez les soupes gratinées dès la sortie du four.

CONSEIL EN VIN : VIN DE PAYS D'OC ROUGE

INGRÉDIENTS
POUR
4 PERSONNES

- 3 gros oignons jaunes
- 1 grosse noix de beurre
- 10 g de farine
- 1 l. de bouillon de volaille
- 150 g de gruyère râpé
- Une douzaine de croûtons de pain
- Sel et poivre

VELOUTÉ DE PETITS POIS À L'ŒUF POCHÉ ET AU LARD

Préparation : **20 min** | Cuisson : **25 min** | Difficulté : ✻✻

1. Faites cuire les petits pois dans le bouillon de légumes pendant une vingtaine de minutes. Pendant ce temps, faites pocher les œufs… sans vous en faire toute une montagne ! Avec quelques astuces, vous les réussirez à coup sûr ! Cassez les œufs un à un dans une tasse et ajoutez quelques gouttes de vinaigre blanc.

2. Faites bouillir de l'eau avec le reste du vinaigre et réduisez l'intensité du feu pour que l'eau frémisse. Avec une cuillère, remuez rapidement l'eau pour créer un tourbillon et versez les œufs délicatement. Laissez cuire pendant deux à trois minutes toujours dans l'eau frémissante, puis retirez les oeufs avec une écumoire et déposez-les sur un torchon sec pour les égoutter Dans une poêle sans matière grasse, faites dorer les lamelles de poitrine fumée sur les deux faces, jusqu'à ce qu'elles soient bien croustillantes.

3. Mixez les petits pois avec leur bouillon de cuisson dans le blender et passez au chinois pour obtenir une consistance bien lisse. Servez le velouté dans des assiettes creuses, déposez un œuf poché et deux lamelles croustillantes de lard, puis dégustez avec un bon pain de campagne.

INGRÉDIENTS
POUR
4 PERSONNES

- 500 g de petits pois frais écossés
- 1 l. de bouillon de légumes
- 8 tranches fines de poitrine fumée
- 4 œufs
- 2 cuillerées à soupe de vinaigre blanc

PETITS CHOUX FARCIS

Préparation : **15 min** | Cuisson : **1 h** | Difficulté : ✲✲

1. Détachez une douzaine de belles feuilles du chou vert (et réservez le cœur pour une bonne soupe de légumes ou un pot-au-feu). Faites blanchir les feuilles dans de l'eau salée bouillante pendant cinq minutes puis égouttez-les soigneusement. Dans un grand saladier, préparez la farce en mélangeant les restes de viande hachés, la chair à saucisse, la mie de pain trempée dans le lait et égouttée. Émincez finement un oignon, l'échalote, le persil et la ciboulette et incorporez-les à la farce avec l'œuf. Assaisonnez de sel et de poivre.

2. Confectionnez six boules de farce – sans trop les tasser – de la taille d'une clémentine puis enveloppez-les dans une feuille de chou. Dans une grande cocotte avec le beurre ou le saindoux, faites suer les deux oignons restants émincés, puis déposez-y les boules de chou en prenant soin de placer en dessous la partie avec les pliages pour éviter que les choux farcis ne s'ouvrent à la cuisson.

3. Recouvrez les choux farcis de couennes (pour éviter que la cuisson ne les dessèche), déposez une petite assiette pour lester et versez le bouillon de légumes. Faites cuire pendant trois quarts d'heure à feu doux.

CONSEIL EN VIN : BORDEAUX CLAIRET ROSÉ 2006

INGRÉDIENTS
POUR
6 PERSONNES

- 1 beau chou vert
- 250 g de restes de viande de pot-au-feu
- 300 g de chair à saucisse
- 2 l. de bouillon de légumes
- Quelques couennes
- 2 tranches de pain
- 10 cl de lait
- 3 oignons
- 1 échalote
- 1 œuf
- 1 petit bouquet de persil plat
- 1 bouquet de ciboulette
- 1 grosse noix de beurre ou de saindoux
- Sel et poivre

SOUPE DE QUEUES DE PERSIL AUX CROÛTONS D'ÉTÉ

Préparation : **10 min** | Cuisson : **20 min** | Difficulté : ✲

INGRÉDIENTS
POUR
4 PERSONNES

- 2 grosses poignées de queues de persil
- 50 cl de bouillon de volaille
- 2 oignons verts
- 1 ficelle de pain
- Un filet d'huile d'olive
- Un filet d'huile d'arachide
- 1 gousse d'ail
- Une douzaine de tomates cerises
- Fleur de sel
- Sel et poivre

1. Françoise et Jean-Yves cultivent amoureusement leur potager et ils ne perdent pas une miette de ce que leur offre « leur » terre. Ils conservent au frais toutes les tiges du persil qu'ils utilisent pour leur cuisine et quand la quantité est suffisante, ils préparent des soupes savoureuses et pleines de vitamines.

2. Dans une cocotte avec l'huile d'arachide, faites suer les oignons verts émincés, ajoutez les tiges de persil et recouvrez de bouillon de volaille. Assaisonnez de fleur de sel et laissez cuire un bon quart d'heure. Mixez la soupe et passez-la à travers une passoire très fine, pour obtenir une texture très lisse, sans fibres.

3. Dans un plat à gratin, versez un filet d'huile d'olive, disposez une douzaine de croûtons taillés dans la ficelle de pain, frottez-les d'ail et les tomates cerises. Assaisonnez de sel et de poivre, arrosez de nouveau avec quelques gouttes d'huile d'olive et enfournez cinq minutes à 270 °C. Déposez les croûtons sur le velouté de queues de persil bien chaud et dégustez aussitôt.

PURÉE DE FÈVES POUR LE GIGOT PASCAL

Préparation : **25 min** | Cuisson : **15 min** | Difficulté : *

INGRÉDIENTS

POUR 4 PERSONNES

- 800 g de fèves écossées
- Quelques brins de sarriette
- 1 noisette de beurre

1. Dans une grande casserole d'eau bouillante, faites cuire les fèves cinq minutes. Conservez une louche du bouillon. Rafraîchissez les fèves dans de l'eau glacée et retirez la petite peau fine qui les enveloppe.

2. Disposez-les ensuite dans une petite casserole avec le bouillon de cuisson réservé et la sarriette, puis laissez mijoter une dizaine de minutes. Passez les fèves au presse-purée (ou écrasez-les à la fourchette selon la texture souhaitée) puis incorporez le beurre et servez cette purée avec du gigot, bien arrosée de jus de viande.

CONSEIL EN VIN : UN SANCERRE BLANC 2007

PURÉE DE TOPINAMBOUR FAÇON CRUMBLE POUR ACCOMPAGNER UN POISSON

Préparation : **15 min** | Cuisson : **20 min** | Difficulté : *

INGRÉDIENTS

POUR 4 PERSONNES

- 1 bon kg de topinambours
- 200 g d'oignons frits
- Un filet d'huile de noisette
- Sel

1. Le plus dur dans la réalisation de la purée de topinambour, c'est d'éplucher ces légumes tortueux, des tubercules dont le nom est celui d'une tribu indienne d'Amérique. Avec patience et armé d'un économe, épluchez les topinambours et déposez-les au fur et à mesure de l'épluchage dans un saladier avec de l'eau pour éviter que les tubercules noircissent.

2. Faites cuire les topinambours dans de l'eau bouillante salée pendant une quinzaine de minutes. Égouttez-les et mixez-les avec une louche de bouillon de cuisson. Incorporez l'huile de noisette dans la purée de topinambour bien lisse et répartissez-la dans quatre bols allant au four. Parsemez la surface de la purée d'oignons frits et enfournez les bols cinq minutes à 200 °C. Servez avec un poisson, des Saint-Jacques poêlées ou des langoustines.

GRATIN DE COURGETTES AU PARMESAN ET AUX PIGNONS

Préparation : **10 min** | Cuisson : **20 min** | Difficulté : *

INGRÉDIENTS

POUR 6 PERSONNES

- 3 courgettes
- 100 g de pignons
- 1 botte de basilic
- 150 g de parmesan
- 2 filets d'anchois
- 10 cl d'huile d'olive
- Poivre

1. Mixez le basilic, les pignons, le parmesan, les anchois et l'huile d'olive. Coupez finement les courgettes avec une mandoline et étalez-en une fine couche dans un plat à gratin. Poivrez et badigeonnez avec la préparation au basilic, recouvrez de lamelles de courgettes et ainsi de suite. Terminez par une couche de courgettes largement recouverte de purée au basilic.

2. Enfournez à 180 °C une dizaine de minutes le plat à gratin recouvert d'un papier aluminium, puis encore dix minutes à découvert pour colorer la surface du gratin. L'important est de ne pas trop cuire le gratin pour que les courgettes restent un peu fermes.

INGRÉDIENTS

POUR
4 PERSONNES

- 2 œufs
- 80 g de farine
- 1/2 sachet de levure chimique
- 80 g de sucre semoule
- 80 g de beurre salé
- 100 g de potimarron râpé
- 50 g de raisins de Corinthe
- 1 cuillerée à café de cannelle en poudre
- 1 noisette de beurre et 1 cuillerée à soupe de farine pour le moule

MADELEINES AU POTIMARRON ET RAISINS SECS POUR RÉGALER LES PETITS GOURMANDS

Préparation : **15 min** | Cuisson : **8 min** | Difficulté : ✻

1. Préchauffez le four à 270 °C. Dans un bol, mettez les raisins et recouvrez-les d'eau tiède. Faites fondre le beurre salé à feu doux dans une casserole et laissez-le tiédir.

2. Dans un saladier, mélangez la farine, la levure, le sucre. Incorporez les jaunes d'œufs puis les blancs battus avec une fourchette. Mélangez bien tous les ingrédients puis versez le beurre fondu et remuez encore. Ajoutez enfin dans la pâte le potimarron râpé, les raisins égouttés et la cannelle.

3. Beurrez un moule à madeleine, saupoudrez-le de farine puis tapotez-le pour en ôter l'excédent. Avec cette astuce, les madeleines se démouleront parfaitement. Disposez une cuillerée de pâte dans chaque alvéole du moule.

4. Enfournez à 270 °C pendant quatre minutes puis baissez la température à 210 °C et laissez encore cuire quatre minutes. Démoulez et dégustez aussitôt.

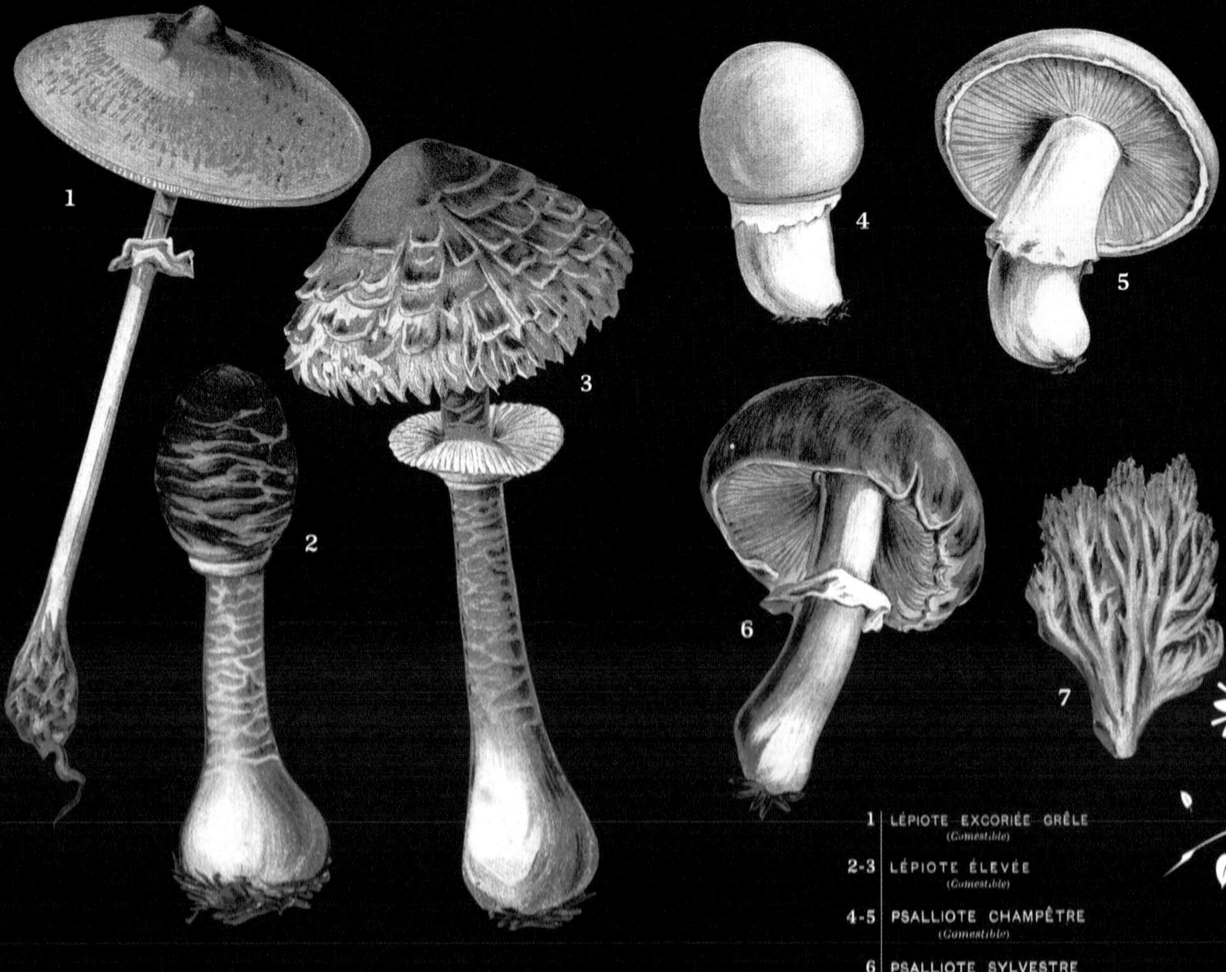

1 | LÉPIOTE EXCORIÉE GRÊLE (Comestible)
2-3 | LÉPIOTE ÉLEVÉE (Comestible)
4-5 | PSALLIOTE CHAMPÊTRE (Comestible)
6 | PSALLIOTE SYLVESTRE (Comestible)
7 | CLAVAIRE JAUNE (Comestible)

CHAMPIGNONS DE NOS CAMPAGNES

Figure XVI. — Lactaire délicieux.

1-2. CRATERELLE Corne d'abondance (*Comestible*) | 3. HELVELLE CRÉPUE (*Comestible*)
4. HELVELLE LACUNEUSE (*Comestible*)

Figure XV. — Tricholome de la St-Georges ou *mousseron*.

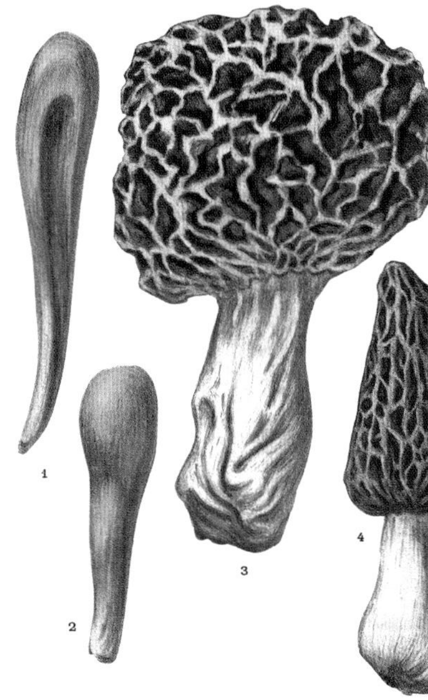

1-2. CLAVAIRE PILON (*Comestible*) | 3. MORILLE (*Comestible*)
4. MORILLE CONIQUE (*Comestible*)

Figure XXIII. — La recherche des truffes, dans le Périgord.

LES TRÉSORS DU PLACARD :

LES BOCAUX SALÉS !

LA CONFITURE DE VIEUX GARÇON À L'EAU-DE-VIE DE POIRE

Préparation : **15 min** ou plusieurs mois selon la technique choisie

Macération : **3 mois** | Difficulté : ✱

1. Il existe autant de recettes de confitures de vieux garçon… que de vieux garçons. Prenons l'exemple de Raymond et Lucien. Raymond confectionne sa confiture de vieux garçon dans un grand bocal haut fermé d'un bouchon en liège.

2. Il prépare sa confiture de vieux garçon en une seule fois vers la fin de l'été, en alternant une couche de cerises entières, un peu de sucre, une couche d'abricots bien mûrs et coupés en deux, un peu de sucre, les pêches épluchées et coupées en huit, un peu de sucre, une couche de fraises, framboises et mûres entières, un peu de sucre, les mirabelles entières et les raisins égrappés, un peu de sucre, et le tout arrosé d'eau-de-vie.

3. Tandis que Lucien préfère préparer sa confiture de vieux garçon dans une grande jarre en grès avec couvercle qu'il conserve dans un endroit frais de son cellier. Il ajoute les fruits au fur et à mesure qu'il les cueille, les cerises et les abricots en mai, les pêches et les fruits rouges en juillet, les mirabelles et les raisins vers la mi-août. L'important est que les fruits soient toujours bien couverts d'eau-de-vie.

4. Et dans les deux cas, Raymond et Lucien doivent patienter trois mois avant de déguster leur confiture de vieux garçon en dessert avec un biscuit de Savoie, une mousse de fromage blanc, ou tout simplement nature, dans une jolie coupelle.

La confiture de vieux garçon se conserve tout l'hiver dans le buffet de la salle à manger.

INGRÉDIENTS

POUR
UN BOCAL DE 2L

- 200 g de cerises bien mûres
- 4 beaux abricots
- 3 pêches
- 250 g de framboises
- 250 g de fraises
- 250 g de mûres
- 300 g de mirabelles
- 200 g de raisins (du chasselas si possible)
- 1 l. d'eau-de-vie de poire
- 1 kg de sucre

PÉTALES DE TOMATES CONFITES AU THYM

Préparation : **40 min** | Cuisson : **1 h** | Difficulté : ✱✱

1. Avec la pointe d'un couteau d'office, retirez le pédoncule des tomates et faites une incision en forme de croix, pas trop profonde, à la base des tomates, puis plongez-les dans de l'eau bouillante pendant cinq secondes. Égouttez-les et plongez-les aussitôt ensuite dans de l'eau avec des glaçons. Le choc thermique va décoller la peau et permettre de les peler facilement. Pelez les tomates, coupez-les en quatre et épépinez-les. Recouvrez de papier sulfurisé la plaque du four, versez un peu d'huile d'olive, assaisonnez de sel et de poivre puis parsemez de brins de thym, de fines lamelles d'ail épluché et de grains de coriandre.

2. Posez dessus les pétales de tomates, huilez encore légèrement et enfournez une heure à 100 °C. Disposez les pétales confits et moelleux dans un bocal avec les aromates, arrosez d'huile d'olive et conservez au frais. Ces pétales de tomates sont délicieux avec un poisson grillé, des petites escalopes de veau ou dans une tarte aux légumes. L'huile de conservation est aussi très parfumée et s'utilise pour diverses cuissons.

Recouverts d'une fine couche d'huile d'olive, les pétales de tomates se conservent deux mois au réfrigérateur.

INGRÉDIENTS

POUR
UN BOCAL DE 0,5L

- 6 grosses tomates bien mûres
- Quelques brins de thym
- 2 gousses d'ail
- 1 pincée de coriandre en grains
- 30 cl d'huile d'olive
- Sel et poivre

LES CHAMPIGNONS DES BOIS AU VINAIGRE

Préparation : **1 h**	Macération : **15 jours**	Difficulté : ✱

1. Confortablement installé à la table de cuisine, nettoyez les champignons des bois : retirez consciencieusement les brindilles et autres déchets végétaux, grattez les pieds des girolles et des cèpes et rincez les champignons très rapidement sous un filet d'eau fraîche pour éviter qu'ils ne se gorgent d'eau.

2. Étalez les champignons sur du papier absorbant. Versez le vinaigre, le vin blanc et 30 cl d'eau dans une casserole, ajoutez les graines de moutarde, les grains de coriandre, la branche de fenouil, le piment, le sucre et le gros sel.

3. Portez le tout à ébullition et laissez frémir une dizaine de minutes pour bien infuser tous les parfums. Plongez les mousserons et les trompettes entiers, les girolles coupées en deux, les cèpes taillés en quatre selon leur grosseur, et laissez frémir pendant cinq minutes.

4. Versez le tout dans un bocal à vis préalablement stérilisé quelques minutes dans de l'eau bouillante, et fermez aussitôt. Retournez le bocal et laissez mariner au moins une quinzaine de jours avant de commencer à déguster les champignons au vinaigre avec du jambon cru, du lard grillé, une salade de blancs de poulet ou avec un risotto.

Les champignons au vinaigre se conservent tout l'hiver dans un endroit sec et frais à l'abri de la lumière.

INGRÉDIENTS

POUR
UN BOCAL DE 0,75L

- 200 g de mousserons
- 50 g de trompettes-de-la-mort
- 200 g de girolles
- 1 ou 2 cèpes
- 30 cl de vinaigre de vin blanc
- 30 cl de vin blanc
- 40 g de sucre
- 1 pincée de gros sel
- 1 pincée de graines de moutarde
- 1 pincée de grains de coriandre
- 1 petite branche de fenouil
- 1 petit piment

RILLETTES DE CANARD AUX HERBES

Préparation : **15 min**	Difficulté : ✱✱

1. Dans une sauteuse, faites chauffer les cuisses de canard. Tièdes, elles seront plus faciles à désosser et à effilocher. Versez les deux tiers de la graisse dans un bol que vous mettrez de côté, et faites-y confire les échalotes hachées avec le reste de gras.

2. Dans un saladier, mélangez les cuisses de canard effilochées avec les feuilles d'estragon et la ciboulette finement ciselées. Assaisonnez de sel, de poivre et de muscade. Versez-y la moitié de la graisse mise de côté puis remuez longuement.

3. Mettez les rillettes de canard dans un pot en grès et recouvrez avec la graisse qu'il vous reste. Conservez au frais.

Protégées par la couche de graisse, les rillettes de canard se conservent deux mois dans le réfrigérateur.

INGRÉDIENTS

POUR
2 BOCAUX DE 200 G

- 4 cuisses de canard confites avec leur graisse
- 2 échalotes
- 1 pincée de muscade
- 2 brins d'estragon
- 1 petit bouquet de ciboulette
- Sel et poivre

MARBRÉ DE FOIE GRAS AUX FIGUES

INGRÉDIENTS

POUR UN BOCAL DE 500 G OU 2 BOCAUX DE 250 G

- 1 lobe de foie gras de canard de 500 g environ
- 2 ou 3 figues sèches
- 1 pincée de sel fin
- 1 petite pincée de poivre blanc fraîchement moulu
- 1 pincée de noix de muscade
- 1 petit verre d'armagnac

Préparation : **25 min**	Cuisson : **1 h**	Difficulté : *

1. Coupez le foie gras en quatre tranches bien épaisses. Arrosez-les d'armagnac, assaisonnez-les de sel, de poivre, de noix de muscade et laissez-les macérer une heure au frais. Faites chauffer une poêle sans gras et saisissez à feu vif les tranches de foie gras quelques secondes de chaque côté, juste pour leur donner une belle coloration.

2. Déposez-les sur du papier absorbant puis disposez-les dans un bocal, en versant quelques gouttes d'armagnac de la marinade à chaque couche. Glissez les figues entre le foie gras et les parois du bocal. Fermez hermétiquement et plongez le bocal dans une casserole d'eau bouillante. Baissez l'intensité du feu et laissez cuire à petits frémissements pendant une heure.

3. Laissez reposer le bocal de marbré de foie gras au moins un mois dans le cellier avant de le déguster.

CHÈVRES SECS MARINÉS DANS L'HUILE D'OLIVE AVEC DES HERBES AROMATIQUES

INGRÉDIENTS

POUR UN BOCAL DE 0,5 L

- Une douzaine de petits chèvre secs
- 50 cl d'huile d'olive
- 1 brin de sarriette
- 1 brin d'estragon
- 1 zeste de citron
- 1 pincée de graines de fenouil
- 1 pincée de poivre noir en grains

Préparation : **5 min**	Macération : **3 semaines à 1 mois**	Difficulté : *

1. Dans un grand bocal, disposez les chèvres secs. Écrasez les grains de poivre noir avec le plat d'un couteau éminceur et jetez-les dans le bocal avec l'estragon, la sarriette, les graines de fenouil et le zeste de citron. Couvrez d'huile d'olive.

2. Laissez mariner au moins trois semaines dans un endroit frais, sec et à l'abri de la lumière, puis dégustez les chèvres secs avec du pain grillé.

Les chèvres secs se conservent deux mois dans l'huile d'olive et dans un endroit sec et frais à l'abri de la lumière.

À EN DEVENIR CHÈVRE !

Véronique & Hervé

Éleveurs de chèvres à Liesville-sur-Douve (50)

Hervé et Véronique se rencontrent en 1983 dans une entreprise de produits chimiques, mais il ne faut pas se tromper : leur histoire ne contient aucun édulcorant, rien que du naturel. L'agriculteur séduit la jolie brune et c'est la formule du bonheur : ensemble le couple se met en quête d'une exploitation pour y élever des chèvres et y cultiver de beaux jours : la « Huberdière » ouvre ses portes. Les naissances d'Alexis en 1987 et de Cyriaque en 90 sont à l'image de l'harmonie qu'Hervé et Véronique ont su créer : toute la famille travaille sur l'exploitation dans une parfaite complémentarité.

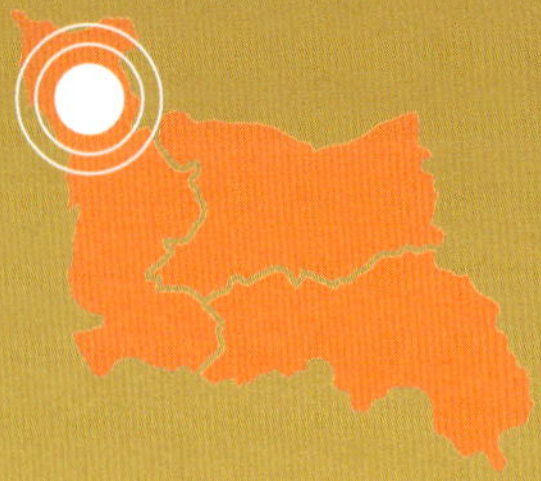

L'amour
est dans les prés de Basse Normandie

Cuisine au beurre et à la crème pour des recettes d'une richesse exemplaire, la région Basse-Normandie fait le bonheur des gastronomes ! La célèbre omelette de la mère Poulard, les tripes à la mode de Caen, son célèbre camembert, ainsi que ses pommes, constituent quelques propositions du menu traditionnel de cette généreuse région ! Couvrant les départements du Calvados, de l'Orne et de la Manche, elle arbore fièrement son bocage normand et ses parcs naturels. Son emplacement privilégié et son terroir fertile lui permettent de produire de nombreux type d'agricultures, tandis que la mer la fournit en poissons et crustacés divers. C'est aussi un territoire de grandes cultures, qui occupent une large bande en plaine. Une autre culture, celle du maïs fourrage, couvre de façon diffuse tout le bocage.
La Basse-Normandie produit plus de la moitié du cidre de France et les 3/4 du poiré. Il s'agit d'une production identitaire par excellence, au point que l'alcool dérivé du cidre porte le nom du département, le Calvados...

Les marais de Basse Normandie

SUR L'EXPLOITATION AVEC HERVÉ

Hervé et Véronique s'installent en 1986 sur l'exploitation, dans la commune de Liesville-sur-Douve, en plein cœur du parc des marais du Cotentin. C'est après avoir visité de nombreux élevages que le couple se prend de passion pour les caprins.
Très vite, Véronique organise des visites pour les curieux, tandis qu'Hervé gère les quelques 65 hectares de l'exploitation, rejoint plus tard par ses fils Alexis et Cyriaque qui se répartissent le travail sur l'exploitation et tous les us de la commercialisation du produit.
En 1997, la création de l'auberge donne un nouvel élan à la famille, qui va pouvoir explorer toutes les fantaisies culinaires qu'offrent ces animaux étonnants. Les espèces se conjuguent dans les différents enclos : les chèvres alpines (qu'on reconnaît à leur pelage marron), les chèvres suisses (également appelées saanen, à la jolie robe blanche), et les chèvres anglaises (au pelage noir de jais). Il faut également compter avec la soixantaine de brebis, dont tout le lait est transformé en fromage à destination de la vente directe, des marchés et de la grande distribution.

La production de fromage est la principale activité d'Hervé, à travers l'atelier de transformation et ses employés : fromage de chèvre cendré, poivré, aux herbes ou aux différentes épices, mais aussi tomme de chèvre sont fabriqués et emballés sur place dans les règles de l'art avant d'être proposés aux consommateurs.

En 2007, le couple se lance un nouveau défi en ouvrant des chambres d'hôtes et propose ainsi aux familles et voyageurs de connaître l'aventure de la vie à la ferme…

Légende des photos :
1. En attendant la traite…
2. Les marais à la tombée du jour
3. Le bouc de la bergerie

1

2

3

LAIT DE CHÈVRE

Lait de vache ou lait de chèvre ?

Une des grandes différences est la faible teneur en lipides de celui de la chèvre, son apport calorique est donc moins élevé.
On y trouve aussi plus de calcium, de magnésium et de potassium que dans le lait de vache. Il renferme le double de vitamine A, qui joue un rôle essentiel dans la croissance et la bonne santé des os et contient plus de vitamine B3, qui joue un rôle important dans la vie de nos cellules.
Si le lait de chèvre contient autant de lactose que le lait de vache, il est en revanche dépourvu de carotène, ce qui explique sa coloration plus blanche.

Fromage de chèvre

L' usage du lait de chèvre est multiple, et concerne entre autre la fabrication du fromage de chèvre dont on distingue trois formes :

• Les fromages de chèvre frais : leur texture est souple, tranchable, non collante, et leur goût est neutre. Le caractère frais est renforcé pour le cendré.

• Les fromages de chèvre lactiques : ces fromages affinés sont de texture cassante, légèrement fondante et leur goût est plus typé.

• Les fromages de chèvre présure : ces fromages affinés de type camembert ont une texture souple, fondante et onctueuse ; leur goût est peu typé, sauf s'ils sont au lait cru.

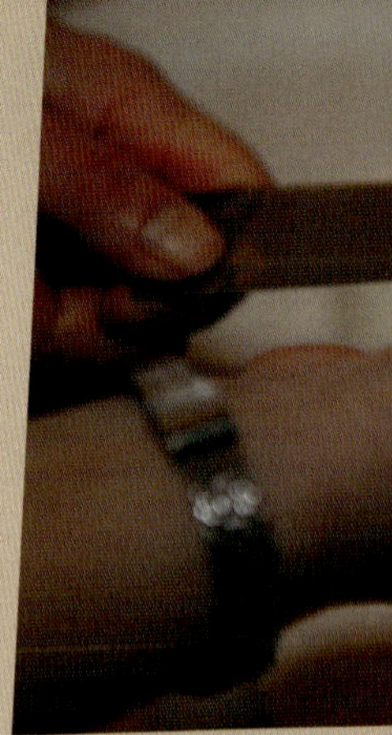

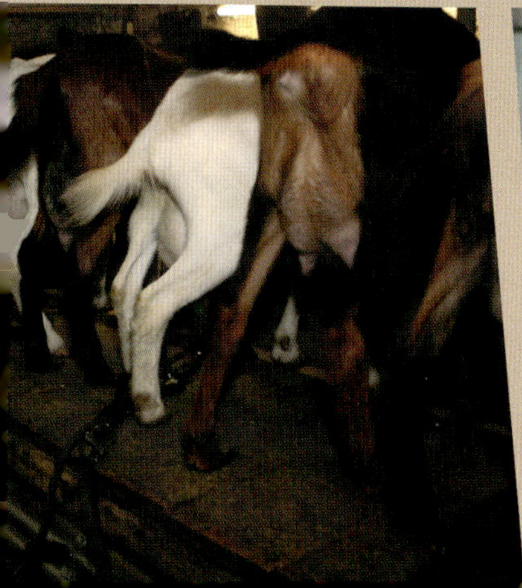

LES MEILLEURES RECETTES DE VÉRONIQUE

INGRÉDIENTS
POUR
4 PERSONNES

- 400 g de chèvre frais
- 6 asperges vertes
- 1 cuillerée à soupe de pignons de pin
- 4 cuillérées à soupe d'huile de pistache
- 1 cuillérée à soupe de sauce de soja
- 1 cuillérée à soupe de pistaches vertes
- 4 galettes de riz
- Poivre

ROULEAU PRINTANIER D'ASPERGES ET CHÈVRE FRAIS

Préparation : **30 min** | Difficulté : ✱✱✱

1. Avec une mandoline, coupez des lamelles d'asperges crues, puis retaillez-les avec un couteau éminceur bien aiguisé. Dans un saladier, mélangez les filaments d'asperges, les pistaches vertes grossièrement hachées, le fromage de chèvre émietté et les pignons. Arrosez avec la moitié de l'huile de pistache et assaisonnez de sel et de poivre.

2. Déposez les galettes de riz sur un torchon très humide puis aspergez-les de petites quantités d'eau. Patientez jusqu'à ce que les galettes ramollissent et se flétrissent, vous pourrez les manipuler plus facilement. Déposez au centre de chaque galette un peu de farce au chèvre frais et asperge. Rabattez les bords de la galette de riz puis roulez le tout comme un gros cigare.

3. Réservez les rouleaux printaniers au frais, enveloppés dans un torchon humide. Servez-les avec un peu de vinaigrette, composée du reste d'huile de pistache mélangée à la sauce soja.

CONSEIL EN VIN :
UN SANCERRE BLANC 2007 DE CHEZ ALPHONSE MELLOT

INGRÉDIENTS
POUR
4 PERSONNES

- 4 crottins de chèvre un peu affinés
- 100 g de gruyère râpé
- 150 g de lardons
- 4 tranches de pain de campagne
- 1 belle salade croquante (de la batavia)
- 1 pincée de muscade
- 2 pétales de tomates séchées
- Quelques feuilles de basilic séché
- Une bonne vinaigrette relevée
- Sel et poivre

LA SALADE DE CHÈVRE CHAUD À LA FAÇON DE VÉRONIQUE

Préparation : **10 min** | Cuisson : **5 min** | Difficulté : ✻

1. Assaisonnez les fromages de chèvre de sel, de poivre fraîchement moulu et de muscade. Roulez ensuite chaque crottin dans le gruyère râpé, cela permettra de maintenir le fromage pendant la cuisson, le gruyère faisant office de carapace. Hachez très finement les pétales de tomates et parsemez-les de basilic séché simplement broyé avec les doigts. Saupoudrez ce mélange sur les crottins de chèvre et déposez les fromages sur les tranches de pain.

2. Enfournez les quatre tartines cinq bonnes minutes à 200 °C. Pendant ce temps, assaisonnez la batavia de vinaigrette et faites fondre, dans une poêle et sans matières grasses, les lardons jusqu'à ce qu'ils commencent à colorer. Dressez la salade dans quatre assiettes, répartissez de lardons et déposez la tartine de chèvre chaud. Cette recette se décline selon les humeurs et les saisons.

3. À la place du mélange tomates séchées et basilic, arrosez le crottin de chèvre de miel. Vous pouvez aussi le recouvrir de quelques lamelles de figues violettes avant de le passer au four ou encore faire un hachis d'olives noires, de zestes de citron et d'estragon pour badigeonner le fromage.

• LE CONSEIL DE BERNARD MAGRET, SPÉCIALISTE DU VIN •

Un Saint-Julien, comme Le Château Giscours 2004, sera parfait car la présence des tannins de ce château s'accordera parfaitement avec le chèvre chaud.

RAVIOLES AU PARMESAN, PIGNONS ET PERSIL PLAT

Préparation : **45 min** | Cuisson : **1 h** pour les tomates - **3 min** pour les ravioles

Difficulté : ✱✱✱

1. Incisez puis plongez les tomates dans de l'eau bouillante pendant cinq secondes, égouttez-les et plongez-les aussitôt dans un saladier avec de l'eau et des glaçons. Pelez alors les tomates (leur peau se détache très facilement), coupez-les en quatre et épépinez-les. Disposez-les dans un plat avec de l'huile d'olive, de la sarriette, du sel et du poivre et laissez-les confire au four une heure à 80 °C.

2. Mélangez tous les ingrédients de la pâte, pétrissez-les cinq minutes, façonnez une boule de pâte que vous réserverez au réfrigérateur, enveloppée dans un film transparent. Mixez grossièrement le fromage de chèvre bien sec, les pignons, la roquette et le citron. Avec une machine à pâte, étalez des bandes de pâte assez fine, découpez des carrés de 5 cm de côté puis déposez des petits tas de farce au chèvre au centre. Avec un pinceau, mouillez légèrement les quatre bordures du carré de pâte. Recouvrez avec des carrés de pâte de même taille et appuyez légèrement sur les bordures pour bien sceller les ravioles. Plongez les ravioles trois minutes dans une grande quantité d'eau frémissante salée.

3. Pendant ce temps, faites chauffer le jus de veau dans une petite casserole. Retirez les ravioles de l'eau avec l'écumoire et dressez-les dans des assiettes chaudes (pour éviter que les ravioles ne refroidissent trop vite) avec quelques lamelles de tomates confites et un filet de jus de veau.

INGRÉDIENTS
POUR
4 PERSONNES

Pour la pâte à ravioles
- 250 g de farine
- 2 œufs + 1 jaune
- 1 cuillerée à soupe d'huile d'olive

Pour la garniture
- 4 grosses tomates bien mûres
- Quelques brins de sarriette
- 20 cl de jus de veau
- 200 g de fromage de chèvre bien sec
- 100 g de pignons
- 1 poignée de roquette
- 2 lamelles de zestes de citron
- Huile d'olive
- Sel et poivre

CRÊPES GOURMANDES AU CHÈVRE

Préparation : **25 min** | Cuisson : **2 min par crêpe** | Difficulté : ✱

INGRÉDIENTS
POUR
4 PERSONNES

Pour la pâte à crêpes
- 250 g de farine
- 2 œufs
- 1 pincée de sel
- 1 cuillerée à soupe d'huile d'arachide
- 1 verre de lait

Pour la béchamel gourmande
- 30 g de beurre
- 30 g de farine
- 25 cl de lait
- 100 g de chèvre sec
- 1 poire williams bien dure
- 1 cuillerée à soupe de cerneaux de noix
- 2 jaunes d'œufs

1. Dans un saladier, mélangez la farine avec le lait, l'huile d'arachide, le sel et les œufs en fouettant énergiquement pour obtenir une pâte à crêpe bien lisse. Laissez reposer la pâte pendant 30 minutes.

2. Pendant ce temps, préparez la sauce béchamel gourmande. Dans une casserole à fond épais, faites fondre le beurre et la farine jusqu'à ce que cette dernière blondisse légèrement (c'est le fameux roux qui sert de base à de nombreuses sauces) puis délayez le tout avec le lait froid. Assaisonnez de sel, de poivre et dès que la sauce est bien épaisse retirez du feu.

3. Incorporez le chèvre sec taillé en copeaux, la poire coupée en très petits dés et les cerneaux de noix grossièrement concassés. Il ne vous reste plus qu'à faire cuire les crêpes dans une poêle antiadhésive avec quelques gouttes d'huile d'arachide et de les garnir avec la béchamel gourmande..

CONSEIL EN VIN :
UN DOMAINE DE L'AIGLE VIN DE PAYS D'OC BLANC 2006

INGRÉDIENTS
POUR
6 PERSONNES

- 2 bûches de chèvre frais légèrement affiné
- 2 blancs de poireaux
- 2 tomates
- 250 g de pâte brisée
- 1 cuillerée à soupe de moutarde forte
- 100 g de gruyère râpé
- 100 g de crème fraîche épaisse
- 2 œufs
- 1 noisette de beurre
- Sel et poivre

TARTE AU CHÈVRE, TOMATES ET POIREAUX, COMME L'AIME HERVÉ

Préparation : **15 min** | Cuisson : **40 min** | Difficulté : *

1. Coupez les blancs de poireaux en tronçons, faites-les cuire une dizaine de minutes dans de l'eau bouillante salée puis égouttez-les. Dans une poêle avec le beurre, faites-les colorer légèrement. Étalez la pâte brisée dans un moule tapissé de papier sulfurisé, piquez le fond avec une fourchette et badigeonnez-le de moutarde pour relever le goût du chèvre frais.

2. Dans un bol, battez les œufs en omelette, ajoutez le gruyère et la crème puis assaisonnez de sel et de poivre. Coupez les bûches de chèvre en tranches et répartissez-les dans le fond de tarte avec les tronçons de poireaux et les tomates coupées en lamelles. Versez dessus la préparation puis enfournez la tarte quarante minutes à 200 °C.

• LE CONSEIL DE BERNARD MAGRET, SPÉCIALISTE DU VIN •

Le Château Valandraud 2004, vin exotique et sensuel, partenaire idéal du fruité-sucré de la tomate.

Café
Thé

CHEESECAKE SALÉ AUX HERBES

Préparation : **20 min** | Cuisson : **45 min** | Difficulté : ✱ ✱

1. Le secret de cette recette réside dans… le moule à charnière, indispensable pour démouler le cheesecake sans catastrophe. Réduisez en miettes (et non en poudre) les biscuits apéritif en les mixant quelques instants. Arrosez-les de beurre fondu et mélangez bien. Tapissez le fond d'un moule à charnière avec cette préparation en la tassant légèrement.

2. Dans un saladier, battez les œufs en omelette puis incorporez peu à peu le fromage de chèvre très frais avec un batteur électrique pour obtenir une texture homogène. Assaisonnez de sel, de poivre, de ciboulette finement hachée et des feuilles d'estragon ciselées. Fouettez encore quelques instants puis versez cette préparation dans le moule.

3. Enfournez le cheesecake une trentaine de minutes à 180 °C et laissez reposer le gâteau une dizaine de minutes dans le four éteint avant de le faire refroidir d'abord à température ambiante puis au moins une nuit au réfrigérateur. Ce cheesecake délicieusement frais se marie à merveille avec une salade de tomates, des jeunes pousses ou des haricots verts croquants.

INGRÉDIENTS
POUR
4 PERSONNES

- 500 g de chèvre très frais
- 150 g de biscuits apéritif (de type Tuc ou des crackers)
- 100 g de beurre
- 2 œufs
- 1 petit bouquet de ciboulette
- Quelques feuilles d'estragon
- Sel et poivre

CHAUSSON AUX TROIS FROMAGES

Préparation : **15 min** | Cuisson : **25 min** | Difficulté : ✱

1. Faites chauffer l'eau-de-vie et, hors du feu, plongez-y les raisins secs. Laissez-les gonfler pendant une heure environ. Emiettez à la fourchette le chèvre frais, incorporez le comté râpé et mélangez bien. Étalez la pâte feuilletée et découpez quatre carrés.

2. Déposez un peu de mélange de fromage puis des morceaux de saint-marcellin. Assaisonnez de sel et de poivre puis parsemez la farce de grains de raisins gorgés d'eau-de-vie. Refermez la pâte pour obtenir des chaussons de forme carrée. Pincez les bords pour bien sceller les chaussons et badigeonnez-les de jaune d'œuf battu avec un peu d'eau. Enfournez vingt-cinq minutes à 180 °C . Dégustez avec une bonne salade verte !

CONSEIL EN VIN : SAINT-JULIEN

INGRÉDIENTS
POUR
4 PERSONNES

- 150 g de chèvre frais
- 100 g de comté fruité
- 2 saint-marcellins bien crémeux
- 200 g de pâte feuilletée
- 100 g de raisins secs blonds
- 1 petit verre d'eau-de-vie de poire
- 1 jaune d'œuf
- Sel

CHARLOTTE DE CHÈVRE FRAIS

Préparation : **30 min** | Difficulté : ✱ ✱ ✱

1. Incisez légèrement les tomates, plongez-les dans de l'eau bouillante pendant cinq secondes puis immergez-les dans de l'eau glacée. Ceci facilitera la tâche pour les peler. Coupez les tomates en quatre et épépinez-les. Disposez les quarts de tomates dans un grand plat avec l'huile d'olive, du thym, du sel et du poivre et enfournez une heure à 80 °C pour que les pétales soient confits à souhait. Laissez-les refroidir avant de commencer à préparer les charlottes.

2. Tapissez quatre ramequins en porcelaine de film transparent en le laissant dépasser un peu. Mélangez le chèvre frais avec le basilic ciselé, les olives noires hachées, du sel et du poivre. Disposez les tomates dans le fond et sur les bords du moule, puis ajoutez le fromage assaisonné. Tassez un peu et réservez les charlottes au moins une heure au frais. Pour les démouler facilement, tirez légèrement sur le film transparent. Arrosez d'un peu d'huile d'olive et savourez cette entrée très fraîche.

INGRÉDIENTS
POUR
4 PERSONNES

- 300 g de chèvre très frais
- 6 tomates bien mûres
- 1 petit bouquet de basilic
- 100 g d'olives noires dénoyautées
- Un filet d'huile d'olive
- Quelques brins de thym

COURGETTES-FLEURS FARCIES AU CHÈVRE FRAIS ET POIVRONS CONFITS

Préparation : **20 min** | Cuisson : **3 min** | Difficulté : ✱✱✱

INGRÉDIENTS
POUR
4 PERSONNES

- 200 g de chèvre très frais
- 4 courgettes-fleurs
- Une boîte de poivrons rouges confits
- Un bon filet d'huile d'olive
- Fleur de sel
- Sel et poivre

1. À ne pas confondre avec les fleurs de courgettes, les courgettes-fleurs sont des petites courgettes fines surmontées d'une fleur. Il faut les manipuler avec délicatesse pour ne pas détacher la fleur. Mélangez le chèvre frais avec la moitié des poivrons rouges coupés en petits dés. Assaisonnez de fleur de sel et de poivre.

2. Ouvrez avec précaution la fleur des courgettes et ôtez délicatement le pistil avec une pince à épiler. Farcissez les courgettes-fleurs de farce au fromage avec une cuillère à café, puis refermez délicatement les pétales. Déposez les courgettes-fleurs dans le panier d'un cuit-vapeur et cuisez-les trois minutes. Servez les courgettes-fleurs tièdes avec un coulis de poivron confectionné avec le reste des poivrons mixés avec de l'huile d'olive.

VELOUTÉ DE PETITS POIS, CROQUETTES DE CHÈVRE FRAIS AU SÉSAME

Préparation : **15 min** | Cuisson : **20 min** | Difficulté : ✱

INGRÉDIENTS
POUR
4 PERSONNES

Pour le velouté
- 800 g de petits pois frais
- 1 l. de bouillon de légumes

Pour les croquettes
- 200 g de chèvre frais
- 2 cuillerées à café de sésame torréfié
- Sel et poivre

1. Plongez les petits pois vingt minutes dans le bouillon de légumes bouillant et laissez mijoter à feu moyen. Mixez le tout et passez au chinois pour ôter les peaux des petits pois et obtenir ainsi un velouté bien lisse. Laissez-le refroidir et réservez au réfrigérateur.

2. Assaisonnez le chèvre frais de sel et de poivre et confectionnez huit boulettes de la taille d'une cerise, puis roulez-les dans le sésame. Servez le velouté de petits pois très frais avec deux boulettes de chèvre au sésame par personne.

CONSEIL EN VIN : UN RIESLING DE CHEZ PIEROTH 2007

LE CHÈVRE PANÉ ET SA COMPOTÉE DE POMMES

Préparation : **15 min** | Cuisson : **10 min** | Difficulté : ✻

INGRÉDIENTS
POUR
4 PERSONNES

- 2 fromages de chèvre très frais
- 2 œufs
- 120 g de chapelure
- 1 pincée de curry doux
- 3 pommes, des braeburn de préférence
- 50 g de sucre
- 1 petit verre de jus de pomme
- 1 bon filet d'huile d'arachide
- 1 pincée de feuilles de sauge séchées

1. Dans un bol, cassez les œufs et battez-les en omelette. Mélangez le curry et la chapelure. Coupez les fromages de chèvre en deux dans l'épaisseur. Trempez-les dans l'œuf puis dans la chapelure, et déposez-les sur une assiette, le temps de préparer la compotée de pommes. Pelez et coupez les pommes en cubes.

2. Faites chauffer le sucre et le jus de pomme dans une casserole pour obtenir une consistance sirupeuse, puis incorporez les dés de pommes. Laissez cuire à petit feu en remuant de temps en temps. Arrêtez la cuisson quand les pommes sont fondantes. Faites chauffer l'huile d'arachide dans une large poêle (ou deux si les quatre fromages panés ne sont pas à leur aise).

3. Quand l'huile est bien chaude, déposez délicatement les fromages et faites-les revenir deux à trois minutes de chaque côté. Saupoudrez de feuilles de sauge émiettées puis dressez les fromages de chèvre en croûte de chapelure sur un lit de compote de pommes.

SOUFFLÉ AU CHÈVRE, NOIX ET PIGNONS

Préparation : **15 min** | Cuisson : **30 min** | Difficulté : ✻✻

INGRÉDIENTS
POUR
4 PERSONNES

- 250 g de chèvre frais
- 2 cuillerées à soupe de crème fraîche épaisse
- 3 œufs
- 1 botte de ciboulette hachée
- 1 cuillerée à soupe de pignons de pin
- 1 noix de beurre
- Sel et poivre

1. Avec un fouet électrique, mélangez le chèvre frais, la crème fraîche, les œufs entiers et la ciboulette ciselée jusqu'à ce que cette préparation soit bien onctueuse et aérée. Assaisonnez généreusement de poivre et d'un peu de sel. Graissez généreusement quatre ramequins individuels en porcelaine avec le beurre.

2. Dans le fond des ramequins, disposez des cerneaux de noix et des pignons de pin, puis recouvrez avec la préparation à base de chèvre. Déposez les ramequins dans un grand plat à gratin, remplissez d'eau chaude à mi-hauteur et enfournez au bain-marie à 180 °C pendant une trentaine de minutes. Servez les soufflés dès leur sortie du four, quand ils sont bien gonflés.

INGRÉDIENTS
POUR
4 PERSONNES

- 500 g de purée de pommes de terre
- 500 g de pâte à choux
- 300 g de chèvre frais
- 1 cuillerée à soupe de pignons de pin
- 1 cuillerée à soupe de raisins de Corinthe
- Huile d'arachide pour la friture
- Sel et poivre

LES DAUPHINES AU CHÈVRE

Préparation : **30 min** | Cuisson : **20 min** pour la purée, **1 min** pour les dauphines
Difficulté : ✻✻

1. Commencez par préparer la purée : épluchez 500 g de pommes de terre, coupez-les en gros morceaux et faites les cuire vingt minutes dans de l'eau salée, à petits bouillons. Passez-les au presse-purée.

2. Le secret des dauphines réussies consiste à incorporer la purée de pommes de terre tiède à la pâte à choux, un peu plus froide. Assaisonnez ensuite cette préparation de sel et de poivre. Mélangez à la fourchette le chèvre frais, les pignons de pin et les raisins de Corinthe.

3. Façonnez des boulettes de pâte de la taille d'une noix en humidifiant bien le creux de la main pour que la pâte ne colle pas. Avec l'index, creusez une petite cavité pour y déposer un peu de farce au roquefort, refermez délicatement les bords puis roulez la boule de pâte dans le creux de la main sans trop la presser pour bien sceller la dauphine.

4. Faites frire les dauphines de chèvre dans l'huile d'arachide bien chaude et servez-les en apéritif ou en accompagnement d'une salade, de pissenlits, par exemple.

CONSEIL EN VIN : UN CÔTES DU JURA BLANC 2007

79K46

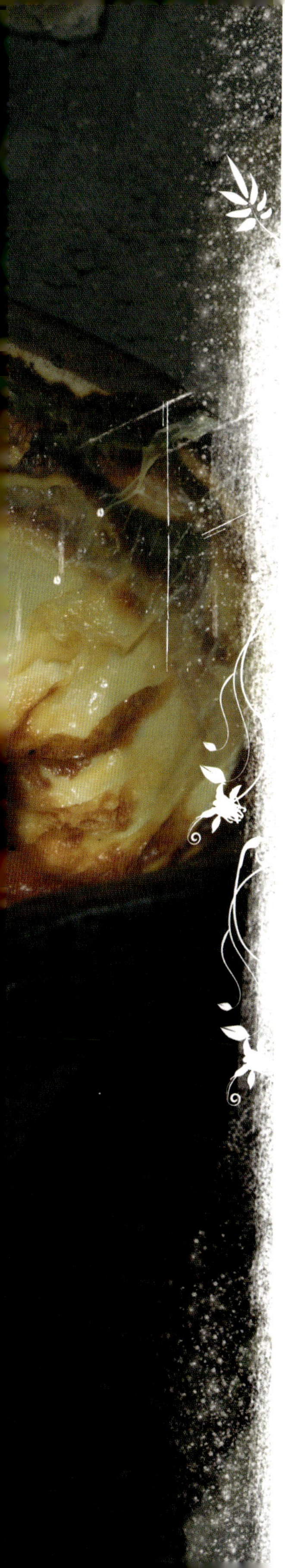

INGRÉDIENTS

POUR
6 PERSONNES

- 300 g de riz rond
- 200 g de sucre
- 3 l. de lait entier de vache
- 1 gousse de vanille bien grasse

LA TEURGOULE

POUR LES AMATEURS DE LAIT DE VACHE

Préparation : **5 min** | Cuisson : **4 h** | Difficulté : *

1. Derrière ce dessert avec un drôle de nom (teurgoule signifierait « se tordre la goule » c'est-à-dire se déformer la bouche quand on se jette sur ce dessert brûlant fort apprécié), c'est un concentré d'histoire de la Normandie que l'on déguste ! En effet, le riz et la vanille ne sont pas du tout des produits du terroir local, mais étaient présents dans le butin saisi par les corsaires normands qui attaquaient les navires espagnols de retour du Nouveau Monde au 17ème siècle. La recette de la teurgoule connaît de nombreuses variantes avec de la cannelle, des zestes d'agrumes, etc.

2. Ouvrez la gousse de vanille en deux dans le sens de la longueur et grattez soigneusement l'intérieur avec la pointe d'un couteau d'office pour récupérer toutes les graines de vanille. Mélangez dans une jatte en terre le riz, le lait froid, le sucre et les graines de vanille. Enfournez deux heures à 140 °C puis deux heures à 120 °C.

3. Le dessert est prêt à servir, à la louche comme il se doit, quand une belle croûte recouvre le riz fondant.

• LE CONSEIL DE BERNARD MAGRET, SPÉCIALISTE DU VIN •

Magie du Château Haut Mouleyre 2005,
la richesse en sucre du raisin et la finesse aromatique de ce vin se marient élégamment avec la douceur de ce dessert au lait.

OUTILS D'ANTAN

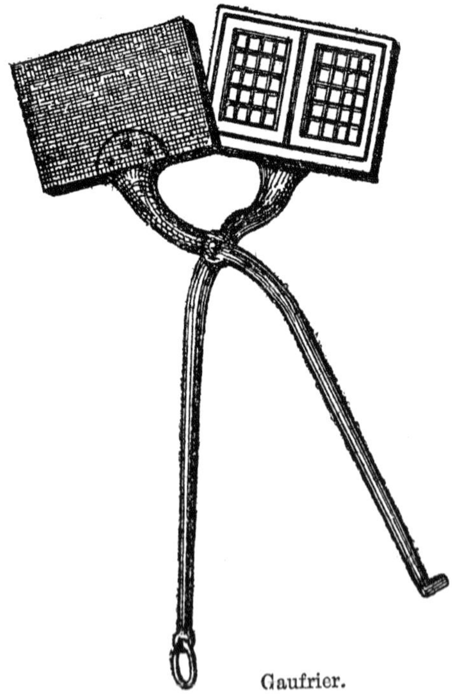

Gaufrier.

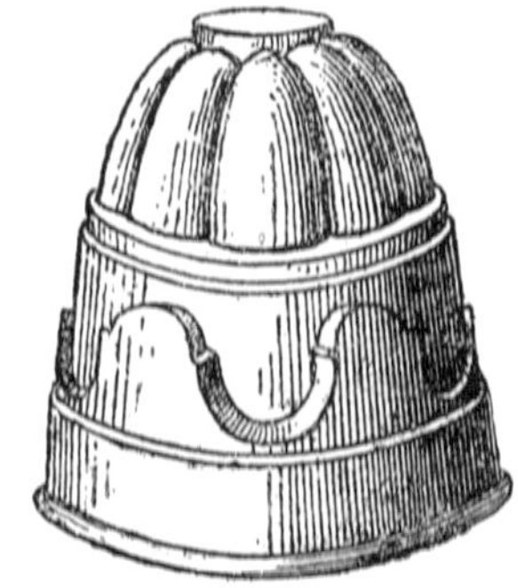

Moule à bisouits.

Moule à savarin.

Fig. 5. — Baratte-tonneau.

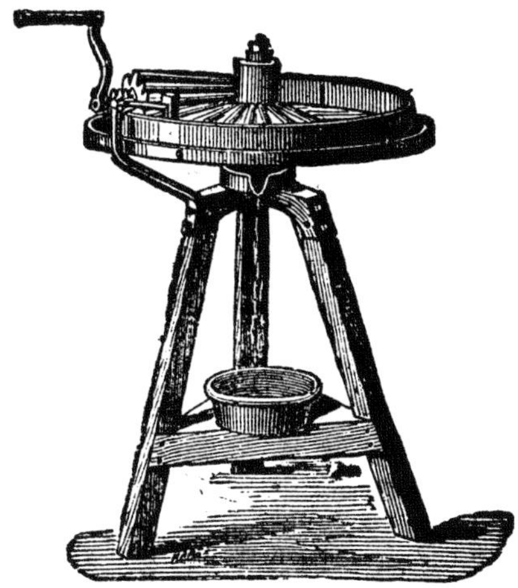

Fig. 8. — Malaxeur rotatif.

Moule à crème renversée.

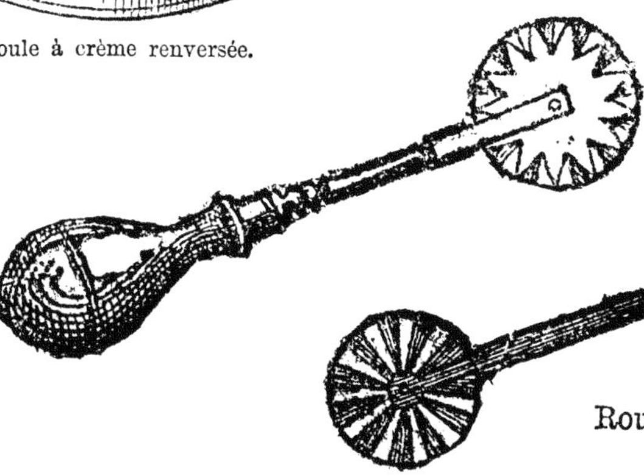

Roulettes à pâte.

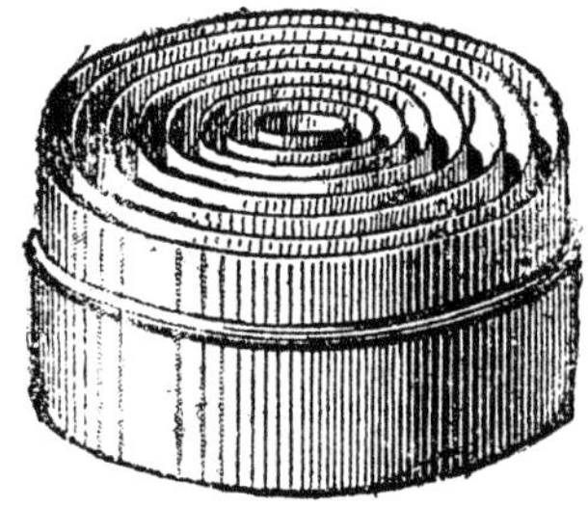

Coupe-pâte rond.

Fig. 6. – Baratte danoise fixe à agitateur vertical:

Fig. 7. — Baratte polyédrique de M. Chapellier.

LES TRÉSORS DU PLACARD :

LES BOCAUX SUCRÉS !

LA GELÉE DE TROGNONS DE POMMES

Préparation : **15 min** | Cuisson : **45 min** | Difficulté : ✱

1. Comme pour le cochon, tout est bon dans la pomme. Les pelures *, la chair et même les trognons. Pour cette recette, la plus grande partie de la chair des pommes est utilisée pour de la compote, une tatin ou tout autre dessert, seuls les trognons seront utilisés pour la gelée.

2. Épluchez les pommes. Avec un vide-pomme, retirez les trognons des fruits et disposez-les dans une casserole avec la chair de deux pommes mixées. Incorporez 50 cl d'eau, le sucre et laissez mijoter à petit feu pendant trois quarts d'heure. La pectine contenue dans les pépins de pommes se libère et se transforme en une gelée légère qui fait des merveilles avec un chèvre frais, avec du foie gras ou sur une tarte aux fruits. Disposez les trognons de pommes dans un pot de confiture, versez la gelée chaude et laissez prendre au moins une nuit au réfrigérateur.

La gelée de trognons de pommes se conservent quelques jours au réfrigérateur.

** Les pelures de pommes séchées au four, une heure à 100 °C, sont délicieuses en infusions. Il suffit de les conserver dans un pot hermétique, comme la verveine séchée, et de les faire bouillir deux minutes avant de les servir comme une tisane.*

INGRÉDIENTS

POUR
2 BOCAUX DE 250 G

- 6 pommes golden
- 100 g de sucre

LA CONFITURE D'ABRICOTS AUX AMANDES DE MAMIE MARCELLE

Préparation : **30 min** | Cuisson : **20 min** | Difficulté : ✱✱

1. Coupez les abricots en deux et recueillez leurs noyaux. Avec un casse-noix ou un petit marteau, cassez la coque des noyaux pour en extraire les amandes. Dans une bassine à confiture en cuivre, versez le sucre et 50 cl d'eau. Remuez et portez à ébullition.

2. Quand le sirop est transparent, incorporez les abricots et laissez mijoter une quinzaine de minutes avec les amandes des abricots qui parfument délicieusement la confiture, tout en remuant régulièrement pour éviter que les fruits n'accrochent dans le fond de la bassine.

3. Répartissez la confiture de Mamie Marcelle dans des pots avec couvercle à vis (préalablement stérilisés en les plongeant cinq minutes dans de l'eau bouillante) et fermez les pots à chaud.

La confiture se conserve tout l'hiver dans un endroit sec et frais à l'abri de la lumière.

INGRÉDIENTS

POUR
4 BOCAUX DE 250 G

- 3 kg d'abricots bien mûrs
- 1,5 kg de sucre

LA « GOUTTE » À L'ORANGE ET AUX GRAINS DE CAFÉ

Préparation : **10 min** | Macération : **44 jours** | Difficulté : ✱

1. Avec une aiguille à tricoter, piquer 44 fois l'orange entière simplement lavée. Glissez une dizaine de grains de café dans les fentes puis mettez le reste des grains de café dans un grand bocal avec couvercle. Ajoutez le sucre, l'orange et l'eau-de-vie dans le bocal et laissez macérer 44 jours avant de servir la « goutte » à vos invités.

La « goutte » à l'orange se conserve parfaitement (en prenant soin que l'orange soit bien recouverte d'alcool) plusieurs mois dans le buffet de la salle à manger.

INGRÉDIENTS

POUR
1 BOCAL DE 2 L

- 1 grosse orange non traitée
- 44 morceaux de sucre
- 44 grains de café
- 1,5 l d'eau-de-vie à 45 °

HAUT COMME TROIS POMMES

Ursula & Vincent

Arboriculteurs à Palau Del Vidre (66)

Voyages, aventures, évasion. Depuis 1987, Ursula et Vincent forment un couple à croquer ! C'est en Indonésie qu'ils se rencontrent pour la première fois, avant de se retrouver sur Paris, et d'entreprendre un tour du globe qui durera plus d'une année et demie.
Jamais pressés, le musicien et sa belle suisse auront vu tous les pays avant de poser leurs valises à Palau Del Vidre, un petit village de Catalogne.
Une vie paisible avec leurs deux filles, Delphine et Joanna, où le plaisir est de mêler agriculture et musique, de quoi permettre à cette famille hors norme de garder la pêche !

L'amour
est dans les prés du Languedoc Roussillon

Les paysages se succèdent et ne se ressemblent pas, les grandes rocheuses s'acoquinent aux longues plages de sable et se contrastent dans les plaines littorales : la région Languedoc Roussillon s'est faite belle au naturel ! À travers ses cinq départements, l'Aude, le Gard, l'Hérault, la Lozère et les Pyrénées-Orientales, elle flirte avec l'Espagne sous un climat méditerranéen propice à la bonne humeur comme en témoignent ses habitants ! Son agriculture se constitue majoritairement de culture viticole (58%) et de l'arboriculture, mais aussi d'élevage animal. On y trouve également la célèbre lavande qui embaume nos armoires !

Et si plusieurs festivals animent la région, cette dernière est aussi célèbre pour ses clubs sportifs ! De quoi trouver de nombreux sujets de discussion dans les différentes langues régionales (en plus du français) l'occitan et le catalan !

Les champs de lavande du Languedoc-Roussillon

SUR L'EXPLOITATION AVEC VINCENT

Ursula et Vincent consacrent l'essentiel de leur temps à l'agriculture biologique, entre arboriculture et maraîchage. Une culture qu'ils veulent humble et suffisante, loin des grosses exploitations qui balisent la région, afin de conserver ce lien à la terre, privilégiée et directe.
C'est donc sur 1,4 hectares de terrain que va prendre la magie : 60 variétés de fruits venus de tous les horizons cohabitent d'une branche à l'autre, aux côtés des variétés légumières que peuvent offrir les saisons. Un magnifique tableau se dessine, où les couleurs éclatent et dévoilent les trésors de la nature. Ursula et Vincent sont des artistes, avant d'être des agriculteurs : musiciens, ils ont su créer ici une véritable symphonie.
Si l'activité sur la ferme couvre tous les aspects de l'agriculture durable, Ursula et Vincent ont également conservé ce goût de l'échange et de la rencontre. Ils reçoivent de nombreux visiteurs hauts comme trois pommes, à qui ils se chargent d'expliquer les rudiments de l'arboriculture : le rôle des insectes, le cycle d'une graine, l'utilité de l'engrais, du semis, la récolte. Les différentes variétés de fruits sont aussi l'occasion de voyages et de rêveries, à travers les souvenirs magiques du couple.
La particularité de « La ferme musicale » réside également dans l'autre activité de Vincent, les percussions ethniques. Ce dernier parvient à créer, à partir de différentes cucurbitacées (courges notamment) des instruments de musique, et sensibilise les curieux aux sons et résonances obtenus grâce à un savant jeu de mouvements.
Toute la poésie de leurs voyages et de leurs réflexions a nourri ces terres, sur lesquelles ils récoltent aujourd'hui les fruits de leur ouverture au monde.

1

2

3

Légende des photos :
1. La cuillette matinale d'Ursula
2. Les cerises bien rouges !
3. Le coin des agrumes...

LES SAISONS DES FRUITS

Quelques repères pour déguster ses fruits préférées au bon moment...

	Janv.	Fév.	Mars	Avril	Mai	Juin	Juil.	Août	Sept.	Oct.	Nov.	Déc.
Abricots												
Amandes fraîches												
Cassis												
Cerises												
Chataîgnes												
Coings												
Figues												
Fraises												
Framboises												
Groseilles												
Kiwi												
Mandarines, Clémentines												
Melons												
Mirabelles												
Mûres												
Myrtilles												
Noisettes												
Oranges												
Pamplemousses												
Pêches												
Poires												
Pommes												
Prunes												
Raisins												

LES MEILLEURES RECETTES D'URSULA

INGRÉDIENTS

POUR
4 PERSONNES

- 500 g de cerises mûres presque noires
- 4 œufs
- 125 g de sucre
- 1 cuillerée à café rase de cannelle
- 100 g de farine
- 25 cl de lait
- 50 g de beurre
- 1 noix de beurre pour le moule

LE CLAFOUTIS À LA CANNELLE

Préparation : **10 min** | Cuisson : **25 min** | Difficulté : ✱

1. Dans un saladier, battez les œufs en omelette, versez le sucre puis la farine et incorporez le beurre fondu, la cannelle et le lait. Mélangez bien. En fait, la préparation du clafoutis ressemble à celle des crêpes, avec une texture plus épaisse. Équeutez les cerises, ne les dénoyautez pas, cela donnera un goût incomparable au clafoutis !

2. Disposez les cerises dans un plat à gratin généreusement beurré puis recouvrez de pâte. Enfournez le plat 25 minutes à 200 °C. Si le clafoutis est destiné à des adultes, arrosez-le d'un verre d'eau-de-vie de prune au sortir du four et dégustez-le tiède ou froid, selon les goûts.

CONSEIL EN VIN : UN LOUPIAC 2006

INGRÉDIENTS
POUR
4 PERSONNES

- 1,6 kg de figues violettes
- 600 g d'oranges non traitées
- 1,4 kg de sucre
- 1 bâton de cannelle
- 1 étoile de badiane
- 1 citron

LA CONFITURE FIGUES-ORANGES AUX ÉPICES

Préparation : **25 min** | Cuisson : **1 h** | Difficulté : ✻

1. Avec un couteau bien aiguisé, coupez les oranges en petits morceaux en conservant leur écorce, taillez également les figues en lamelles. Dans une grande marmite (ou dans une bassine en cuivre, pour une cuisson parfaite), disposez les fruits, le sucre, deux cuillerées à soupe de jus de citron et les épices, puis laissez mijoter une bonne heure à feu moyen, tout en remuant régulièrement.

2. Pendant que la confiture mijote, plongez les bocaux dans une grande casserole d'eau pendant une trentaine de minutes pour les stériliser. Retirez la cannelle et la badiane puis remplissez les pots. Fermez-les bien chauds, cela assurera l'étanchéité du pot. Réservez-les dans un cellier jusqu'à ce que l'occasion gourmande se présente : beignets, crêpes, biscuit roulé et autres délices des goûters.

• LE CONSEIL DE BERNARD MAGRET, SPÉCIALISTE DU VIN •

Mon Sauternes 2005, une cuvée de Barsac, puissante et riche fera merveille sur ce met confit et épicé.

INGRÉDIENTS
POUR
4 PERSONNES

- 400 g de cerises bien mûres
- 150 g de farine
- 120 g de sucre cassonade
- 80 g de flocons d'avoine
- 1 pincée de fleur de sel
- 1 cuillerée à café rase de cannelle
- 2 pincées de noix de muscade râpée
- 100 g de beurre coupé en petits morceaux

CRUMBLE AUX CERISES

Préparation : **15 min** | Cuisson : **30 min** | Difficulté : ✲

1. Comme pour le clafoutis, ne retirez pas les noyaux des cerises, ils donnent un goût inimitable aux desserts et surtout les gourmands ne risquent pas de se faire mal avec un noyau oublié !

2. Répartissez les cerises dans quatre coupelles allant au four. Dans un saladier, mélangez la farine, le sucre, les flocons d'avoine, la fleur de sel, la cannelle, la noix de muscade et le beurre.

3. Malaxez les ingrédients pour les réduire en poudre grossière. Saupoudrez les cerises avec cette préparation sableuse, puis enfournez les crumbles dans un four préchauffé à 200 °C et laissez cuire trente minutes. Laissez tiédir avant de déguster.

• LE CONSEIL DE BERNARD MAGRET, SPÉCIALISTE DU VIN •

Le Château Angelus 2004, un très bel assemblage de Merlot et de Cabernet franc avec de beaux arômes de fruits rouges sera parfait sur le crumble pour terminer le repas en beauté

INGRÉDIENTS
POUR
4 PERSONNES

- 2 mangues bien mûres
- 1 noisette de beurre

Pour le pain d'épices

- 100 g de miel
- 50 g de beurre
- 50 g de sucre
- 10 cl de lait
- 1 pincée d'anis en poudre
- 1 pincée de cannelle en poudre
- 1 pincée de muscade râpée
- 1 pincée de clous de girofle en poudre
- Le zeste d'un citron râpé
- 100 g de farine blanche
- 50 g de farine de seigle
- 1/2 sachet de levure chimique

PAIN PERDU AUX MANGUES

Préparation : **20 min** | Cuisson : **40 min** | Difficulté : ✻

1. Commencez par préparer le pain d'épices. Faites chauffer le lait, le miel, les épices, le sucre, le beurre et le zeste haché du citron. Dès que ce mélange arrive à ébullition, retirez la casserole du feu et versez son contenu sur les deux farines et la levure mélangées dans un saladier, tout en fouettant énergiquement. Tapissez un petit moule à cake de papier sulfurisé et versez-y cette préparation. Enfournez une quarantaine de minutes à 160 °C.

2. Pendant ce temps, épluchez les mangues et coupez-les en lamelles. Faites-les saisir vivement dans une poêle avec la noisette de beurre. Coupez le pain d'épices en tranches, dressez-les dans une assiette avec les mangues poêlées, dégustez tiède.

CONSEIL EN VIN : UN MONBAZILLAC MOELLEUX 2007

INGRÉDIENTS
POUR
4 PERSONNES

- 3 œufs (soit 150 g d'œufs)
- 150 g de beurre
- 150 g de sucre
- 150 g de farine
- 1 sachet de levure chimique
- 1 pincée de fleur de sel
- 1 citron non traité

Le petit plus des jours de fête

- 3 oranges
- 2 cuillerées à soupe de sucre
- 1 gousse de vanille

LE FAMEUX QUATRE-QUARTS DE TANTE MARIE

Préparation : **15 min** | Cuisson : **40 min** | Difficulté : ✻

1. Faciles à mémoriser, les principaux ingrédients de ce gâteau représentent chacun un quart des produits nécessaires à la confection de ce dessert simple et délicieux. Commencez par faire fondre le beurre sans le laisser bouillir. Dans un saladier, mélangez au fouet électrique la farine, la levure, le sucre, les œufs, la fleur de sel, le zeste râpé et le jus du citron.

2. Versez en fin filet le beurre fondu sans cesser de fouetter, jusqu'à obtention d'une pâte bien lisse. Mettez la pâte dans un moule à cake chemisé de papier sulfurisé et enfournez une quarantaine de minutes à 180 °C.

3. La botte secrète de Tante Marie est la sauce, qu'elle réalise en un temps record et avec laquelle elle arrose son quatre-quarts. Prélevez le zeste d'une orange, taillez-le en fine julienne (des filaments très minces) et faites-la bouillir dans le jus des trois oranges avec le sucre et les graines récupérées dans la gousse de vanille. Quand la texture devient sirupeuse, retirez du feu et nappez-en le quatre-quarts dès sa sortie du four.

INGRÉDIENTS
POUR
4 PERSONNES

- 4 pêches jaunes
- 2 cuillerées à soupe de sucre en poudre

Pour la crème

- 3 cuillerées à soupe de sucre roux
- 3 jaunes d'œufs
- 1 cuillerée à café de Maïzena
- 20 cl de crème liquide
- 2 cuillerées à soupe de poudre d'amandes
- 2 cuillerées à soupe d'amandes effilées

LE GRATIN AUX PÊCHES ET AMANDES COMME L'AIME VINCENT

Préparation : **25 min** | Cuisson : **10 min** | Difficulté : ✲✲

1. Épluchez les pêches, retirez les noyaux et coupez les fruits en morceaux. Saupoudrez une poêle de sucre en poudre et faites caraméliser les pêches quelques minutes pour les colorer uniformément en remuant délicatement. Répartissez-les ensuite dans quatre ramequins.

2. Dans une petite casserole, mélangez le sucre roux et les jaunes d'œufs en les fouettant énergiquement jusqu'à blanchiment. Ajoutez ensuite la Maïzena et fouettez encore. Versez la crème liquide et portez le tout à ébullition. Hors du feu, ajoutez la poudre d'amandes et mélangez délicatement. Versez la crème sur les morceaux de pêches, parsemez d'amandes effilées et enfournez les ramequins dans un four préchauffé à 250 °C. Laissez dorer pendant deux minutes et servez aussitôt.

• LE CONSEIL DE BERNARD MAGRET, SPÉCIALISTE DU VIN •

Le Domaine des Songes 2005 au bouquet exotique, aérien et plaisant ira très bien avec ce dessert.

GÂTEAU ROULÉ AUX FRAMBOISES ÉCRASÉES

Préparation : **30 min** | Cuisson : **8 min** | Difficulté : ✻✻✻

1. Faites fondre le beurre et laissez-le refroidir. Dans un saladier, faites blanchir les jaunes d'œufs en les battant avec le sucre. Montez les trois blancs en neige, incorporez la fleur de sel pour qu'ils soient bien fermes, et ajoutez-les très délicatement à la préparation précédente. Incorporez la farine et le beurre fondu.

2. Beurrez généreusement un moule rectangulaire et versez-y la pâte. Enfournez pendant 8 minutes à 200 °C tout en surveillant : dès que le biscuit est coloré et que les bords se décollent, retirez-le du four. Démoulez-le aussitôt sur un linge humide (c'est l'astuce pour rouler facilement le biscuit sans le casser) et saupoudrez-le de cassonade. Écrasez les framboises à la fourchette avec le sucre glace, c'est cette texture grossière qui fait tout l'intérêt de cette gourmandise.

3. Étalez les framboises écrasées sur toute la surface puis roulez délicatement le biscuit pour ne pas le casser. Coupez le gâteau roulé en tronçons et servez-le sans tarder.

CONSEIL EN VIN : UN MAURY DU MAS AMIEL 2006

INGRÉDIENTS
POUR
6 PERSONNES

- 500 g de framboises
- 1 cuillerée à soupe de sucre glace

Pour le biscuit

- 3 œufs
- 50 g de sucre en poudre
- 1 pincée de fleur de sel
- 80 g de farine
- 30 g de beurre
- 1 cuillerée à soupe de cassonade
- 1 noix de beurre pour le moule

LES BUGNES À LA CHANTILLY DE GINGEMBRE

Préparation : **15 min (hors temps de repos de la pâte)**

Cuisson : **1 min / bugne** | Difficulté : ✻

INGRÉDIENTS
POUR
4 PERSONNES

- 250 g de farine
- 50 g de sucre en poudre
- 50 g de beurre
- 1 pincée de fleur de sel
- Le zeste d'un citron
- 3 œufs
- Huile d'arachide pour la friture
- Un peu de sucre glace

Pour la chantilly

- 30 cl de crème liquide entière
- 2 pincées de gingembre en poudre
- 50 g de sucre

1. Dans un saladier, mélangez le beurre ramolli, le sucre, la fleur de sel, les zestes de citron hachés et les œufs. Ajoutez la farine tamisée en mélangeant énergiquement pour obtenir une pâte homogène, lisse et sans grumeaux. Si la pâte est trop ferme, ajoutez un peu de lait pour l'assouplir.

2. Formez une boule de pâte, enveloppez-la de film transparent et laissez-la reposer une heure au frais. Avec un fouet électrique, montez la crème liquide bien froide en chantilly, en incorporant peu à peu le sucre et le gingembre en poudre. Réservez au frais le temps de faire cuire les bugnes. Étalez très finement la pâte et coupez des rectangles de la taille d'une plaquette de beurre.

3. Plongez-les dans l'huile d'arachide bien chaude en procédant, comme pour les frites, en deux bains, pour obtenir des bugnes bien gonflées et croustillantes.

4. Laissez reposer les bugnes quelques instants sur du papier absorbant puis saupoudrez-les de sucre glace. Servez-les avec de la chantilly au gingembre.

BEIGNETS À LA COMPOTE DE POMMES

Préparation : **15 min** (hors temps de repos de la pâte) | Cuisson : **2 min / beignet**

Difficulté : ✱✱

1. Dans un saladier, diluez la levure dans le lait tiède puis incorporez-la à la farine, ajoutez le sucre et le sel. Cassez les œufs un à un dans la pâte sans cesser de pétrir et enfin incorporez le beurre coupé en morceaux et ramolli. Après une dizaine de minutes passées à malaxer la pâte, celle-ci ne colle plus aux doigts et devient élastique. Laissez-la reposer pendant une heure dans un saladier recouvert d'un linge, dans un endroit tiède.

2. Sur un plan de travail, étalez la pâte sur une épaisseur d'environ un centimètre. Découpez des disques avec un petit verre à moutarde et laissez-les reposer encore une heure, toujours sous un linge. Faites chauffer l'huile d'arachide pour la friture et plongez les disques de pâte, une minute de chaque côté.

3. Égouttez les beignets sur du papier absorbant, faites un petit trou puis farcissez-les de compote de pommes. Saupoudrez de sucre glace et c'est prêt !

INGRÉDIENTS POUR 4 PERSONNES

- 250 g de farine
- 30 g de levure de boulanger
- 1 tasse de lait tiède
- 1 pincée de fleur de sel
- 2 œufs
- 50 g de sucre
- 100 g de beurre
- 150 g de compote de pommes
- De l'huile d'arachide pour la friture
- Du sucre glace à saupoudrer sur les beignets

INGRÉDIENTS POUR 4 PERSONNES

- 6 pêches jaunes
- 250 g de pâte feuilletée
- 80 g de beurre
- 80 g de sucre cassonade
- 1 gousse de vanille

TATIN DE PÊCHES À LA VANILLE

Préparation : **20 min** | Cuisson : **20 min** | Difficulté : ✱✱

1. Si les pêches ne sont pas assez mûres, incisez-les légèrement en formant une petite croix puis plongez-les trente secondes dans de l'eau bouillante. Retirez-les avec une écumoire et plongez-les dans un saladier rempli d'eau et de glaçons. Cette technique permet de faire éclater la peau des pêches pour les éplucher facilement. Retirez la peau des pêches puis coupez-les en deux et ôtez les noyaux.

2. Faites chauffer un plat spécial (en fonte ou en cuivre) sur le feu pour faire fondre le beurre, ajoutez le sucre et les graines de la gousse de vanille grattées avec la pointe d'un couteau d'office. Déposez les oreillons de pêches dans le beurre chaud et laissez-les caraméliser pendant deux ou trois minutes.

3. Recouvrez les pêches de pâte feuilletée et enfournez le plat une quinzaine de minutes à 180 °C. Démoulez la tatin de pêches quand elle est tiède et servez-la nature ou avec un sorbet citron.

CONSEIL EN VIN : CLAIRETTE DE DIE

LE GÂTEAU AMANDIN AUX MIRABELLES

Préparation : **10 min** | Cuisson : **40 min** | Difficulté : ✱

1. Dans une casserole, faites fondre le beurre jusqu'à ce qu'il frémisse. Versez le sucre et battez au fouet électrique pour que le mélange devienne mousseux. Hors du feu, incorporez les œufs un à un tout en continuant de fouetter, puis ajoutez la poudre d'amandes, la farine tamisée et la levure. Fouettez encore jusqu'à ce que la pâte soit bien lisse.

2. Versez un tiers de la pâte dans un moule à bord haut généreusement beurré, ajoutez la moitié des mirabelles dénoyautées, encore un tiers de la pâte, le reste des mirabelles et enfin le dernier tiers de pâte.

3. Enfournez une quarantaine de minutes à 180 °C et dégustez le gâteau amandin, tiède ou froid.

INGRÉDIENTS
POUR
4 PERSONNES

- 250 g de mirabelles
- 100 g de beurre
- 150 g de poudre d'amandes
- 100 g de farine
- 150 g de sucre
- 4 œufs
- 1 sachet de levure chimique

LA TARTE FINE AUX TROIS POMMES

Préparation : **15 min** | Cuisson : **25 min** | Difficulté : ✱

1. Les recettes les plus simples camouflent souvent une multitude de secrets. L'indémodable tarte fine est encore meilleure préparée avec trois variétés de pommes, multipliant ainsi les textures et les saveurs. Épluchez les pommes entières, retirez les trognons avec un vide-pomme, puis taillez de fines et larges tranches.

2. Étalez la pâte feuilletée le plus finement possible et posez-la sur une plaque à pâtisserie, recouverte d'une feuille de papier sulfurisé. Saupoudrez la pâte de la moitié de la cassonade. Couvrez de papier sulfurisé. Lestez avec un plat à gratin pour que la pâte ne gonfle pas puis enfournez une dizaine de minutes à 200 °C.

3. Étalez les lamelles de pommes en rosace sur la pâte, en pensant bien à alterner les variétés. Saupoudrez avec le reste de cassonade et parsemez de petits dés de beurre. Enfournez une quinzaine de minutes à 180 °C et servez sans tarder avec une boule de glace vanille ou une généreuse cuillerée à soupe de crème épaisse.

INGRÉDIENTS
POUR
4 PERSONNES

- 2 belles pommes reinettes de Caux
- 1 belle pomme de boskoop rouge
- 1 pomme Delbard Jubilé
- 50 g de beurre
- 150 g de cassonade
- 180 g de pâte feuilletée

LE FLAN PÂTISSIER AUX ABRICOTS

Préparation : **10 min** | Cuisson : **45 min** | Difficulté : ✱

1. Dans une poêle avec la noisette de beurre, faites colorer légèrement les abricots coupés en deux. Réservez-les sur une assiette le temps de préparer la garniture du flan. Mélangez énergiquement le sucre, le sachet de sucre vanillé, la fleur de sel et les trois œufs battus en omelette. Incorporez progressivement la farine tamisée puis le lait froid.

2. Étalez la pâte brisée dans un moule à tarte, chemisé de papier sulfurisé puis déposez les oreillons d'abricots sur toute la surface et versez la préparation à flan. Enfournez trois quarts d'heure à 180 °C en veillant à ce que la croûte du flan ne colore pas trop (sinon, baissez la température du four !) et laissez refroidir le flan avant de le découper.

CONSEIL EN VIN : JURANÇON DU SUD-OUEST

INGRÉDIENTS
POUR
6 PERSONNES

- 1 rouleau de pâte brisée
- 100 g de sucre
- 100 g de farine
- 1 sachet de sucre vanillé
- 1 pincée de fleur de sel
- 3 œufs
- 50 cl de lait
- 6 abricots bien mûrs
- 1 noisette de beurre

INGRÉDIENTS
POUR
6 PERSONNES

Pour la pâte
• 200 g de farine
• 1 pincée de sel
• 4 cuillerées à soupe de sucre
• 125 g de beurre
• 1 œuf
• 1 cuillerée à soupe de crème liquide

Pour la garniture
• 3 citrons non traités
(2 verts et 1 jaune)
• 2 jaunes d'œufs
• 50 g de beurre
• 130 g de sucre
• 3 cuillerées à soupe de Maïzena

LA TARTE AUX CITRONS D'URSULA

Préparation : **30 min** (hors temps de repos pour la pâte) | Cuisson : **25 min**

Difficulté : ✲ ✲

1. Dans un saladier, mélangez la farine, la pincée de sel et le sucre. Coupez le beurre en très petits cubes puis incorporez-les aux ingrédients dans le saladier, en malaxant pendant quelques instants. Ajoutez l'œuf et la crème liquide, mélangez et façonnez une boule de pâte que vous laisserez reposer au moins une heure au réfrigérateur, enveloppée dans du film transparent. Faites préchauffer le four à 220 °C, étalez la pâte dans un moule recouvert de papier sulfurisé, et n'oubliez pas de faire comme Ursula, recouvrez la pâte de papier sulfurisé puis de pois chiches ou de noyaux de cerises pour éviter que la pâte gonfle. La bonne technique consiste à enfourner la pâte une quinzaine de minutes, à retirer les légumes secs puis à la remettre au four une dizaine de minutes pour qu'elle soit bien colorée.

2. Pendant la cuisson du fond de tarte, confectionnez la crème au citron. Ursula préfère les citrons verts, plus parfumés. Dans un saladier, diluez la Maïzena avec 5 cl d'eau puis ajoutez les deux jaunes d'œufs, sans cesser de battre. Versez 20 cl d'eau dans une casserole, incorporez le beurre et portez à ébullition. Ajoutez la préparation à base de Maïzena et de jaunes d'œufs, le sucre et, sans cesser de mélanger, laissez reprendre l'ébullition. Incorporez alors le jus des citrons ainsi que les zestes hachés d'un citron jaune et d'un citron vert.

3. Mélangez bien et versez cette crème très parfumée dans le fond de tarte. Laissez refroidir à température ambiante avant de déguster.

LA TARTE GRILLAGÉE À LA CONFITURE DE MÛRES

Préparation : **15 min** (hors temps de repos) | Cuisson : **30 min**

Difficulté : ✻ ✻

1. Dans un saladier, mélangez la farine avec la fleur de sel, le sucre, le beurre ramolli, la cannelle et l'œuf entier. Malaxez rapidement pour former une boule de pâte. Enveloppez-la de film transparent puis réservez-la au moins une heure au réfrigérateur. Étalez ensuite la pâte et réservez-en un tiers pour façonner le « grillage » de pâte.

2. Disposez la pâte dans un moule recouvert de papier sulfurisé puis étalez la confiture de mûres. Découpez le reste de la pâte en longues bandelettes d'un centimètre de large environ et d'une longueur équivalente au diamètre du plat à tarte. Composez avec ces bandelettes un quadrillé en forme de losange. Badigeonnez-les légèrement avec le jaune d'œuf battu avec un peu d'eau puis enfournez la tarte une trentaine de minutes à 180 °C.

INGRÉDIENTS POUR 6 PERSONNES

Pour la pâte brisée à la cannelle

- 300 g de farine
- 120 g de sucre
- 150 g de beurre
- 1 œuf + 1 jaune d'œuf
- 1 pincée de cannelle en poudre
- 2 pincées de fleur de sel

Pour la garniture

- 350 g de confiture de mûres

LES POMMES AU FOUR AUX ÉCLATS DE FRUITS SECS

Préparation : **15 min** | Cuisson : **30 min** | Difficulté : ✻

1. Concassez grossièrement les noisettes, les pignons et les pistaches. Faites ramollir le beurre et mélangez-le avec la moitié du sucre et les fruits secs. Malaxez longuement pour bien mélanger les ingrédients. Pelez et creusez les pommes entières au vide-pomme. Disposez-les dans un plat à gratin et garnissez-les avec la farce aux fruits secs qui doit déborder un peu. Saupoudrez avec le reste du sucre.

2. Enfournez à 160 °C pendant une trentaine de minutes, en arrosant régulièrement avec le jus qui se forme tout au long de la cuisson. Dès leur sortie du four, arrosez les pommes d'eau-de-vie de poire et faites-les flamber. Servez-les tièdes avec une boule de glace à la vanille.

INGRÉDIENTS POUR 4 PERSONNES

- 4 belles et grosses pommes
- 50 g de beurre
- 50 g de sucre
- 1 cuillerée à soupe de noisettes
- 1 cuillerée à soupe de pignons
- 1 cuillerée à soupe de pistaches
- 5 cl d'eau-de-vie de poire

LES POIRES AU VIN AUX EFFLUVES D'ÉPICES

Préparation : **10 min** | Cuisson : **10 min** | Difficulté : ✻

1. Versez le vin dans une casserole avec 20 cl d'eau, le sucre, les épices et le zeste d'orange, puis portez le tout à ébullition. Laissez ensuite infuser et refroidir. Avec un économe, épluchez les poires en prenant soin de retirer la pointe du trognon, mais en laissant la queue. Plongez les poires dans le bouillon d'épices froid, mettez la casserole sur le feu et retirez-la dès les premiers bouillons.

2. Couvrez avec du film transparent et laissez encore infuser. Avec cette astuce de cuisson, les poires seront fondantes. Servez les poires bien froides dans une jolie coupelle avec du vin aux épices.

CONSEIL EN VIN : KAHINA MAROC ROUGE 2005

INGRÉDIENTS POUR 4 PERSONNES

- 4 poires williams
- 50 cl de vin rouge
- 2 clous de girofle
- 1 graine de cardamome
- 1 étoile de badiane
- 1 bâton de cannelle
- Le zeste d'une orange
- 250 g de sucre

LA PÂTE DE COING

Préparation : **40 min** | Cuisson : **1h15** | Difficulté : ✻✻

1. Brossez les coings pour éliminer le duvet qui recouvre leur peau, épluchez-les puis coupez-les en quartiers. Plongez-les dans une grande casserole d'eau et laissez-les cuire trois quarts d'heure. Égouttez les quartiers de coings, retirez alors les trognons et les pépins, qui s'éliminent facilement. Mixez la chair de coing et pesez-la. Disposez dans une casserole (ou mieux encore, dans une bassine à confiture) la pâte de coings et le sucre en quantité égale. Laissez mijoter une bonne demi-heure à feu doux, en remuant régulièrement.

2. Quand la pâte se détache des parois de la casserole, c'est le signe que la pâte de coing est cuite. Versez-la dans une moule rectangulaire recouvert de papier sulfurisé sur une épaisseur de 3 cm environ.

3. Laissez sécher la pâte de coings à l'air libre, jusqu'à ce qu'elle se solidifie et qu'elle se détache facilement du moule. Coupez des cubes et roulez-les dans le sucre cristal avant de les servir la pâte de coings aux invités.

INGRÉDIENTS

POUR
6 PERSONNES

- Des coings
- Du sucre

LE TIRAMISU AUX FRAISES

Préparation : **15 mn** | Temps de repos : **12h00** | Difficulté : ✻

1. Coupez les fraises en quatre et répartissez-les dans quatre jolis verres. Concassez grossièrement la nougatine (vous pouvez aussi essayer cette recette avec les gavottes, des gaufrettes très fines et croustillantes). Et déposez une couche sur les fraises.

2. Faites blanchir les jaunes d'œufs et le sucre avec un batteur électrique. Quand ce mélange a doublé de volume et devient bien blanc, incorporez le mascarpone. Mélangez bien puis ajoutez délicatement les blancs montés en neige ferme.

3. Recouvrez les fraises à la nougatine avec le mélange mousseux de mascarpone puis réservez les tiramisus au frais au moins une nuit avant de déguster. Cette recette se décline à tous les fruits de saison.

CONSEIL EN VIN : UN CÔTEAUX DU LAYON MOELLEUX 2005

INGRÉDIENTS

POUR
4 PERSONNES

- 250 g de mascarpone
- 3 œufs
- 100 g de sucre en poudre
- 250 de fraises mûres à souhait
- 200 g de nougatine (à commander chez le pâtissier)

Nous remercions toutes les personnes
qui ont participé à cet ouvrage :

• **à tous les agriculteurs**
qui, chaque jour, dédient leur vie à faire prospérer l'héritage de nos régions,

• **à monsieur Luc Guyau,**
agriculteur et Président des Chambres d'agriculture, pour sa préface,

• **à monsieur François Cassignol,**
sous-directeur à l'Assemblée permanente des Chambres d'agriculture.

Crédits photos : photos © Damien GRENON
sauf page 232-233 : © Ursula CHOBLET
et pages 14, 20, 43, 50, 82, 86, 110, 118,
121, 141, 156, 171, 178, 223,
226, 242, 251, 252 : © IstockPhoto

Dépôt légal : mai 2009
ISBN : 978-2-915127-65-2
Achevé d'imprimé en avril 2009 par : Printer Trento srl